I0215988

equipamiento para tod@s

nivel 3 fortaleza

Este libro pertenece a:

equipamiento para todos

Serie de enseñanza y entrenamiento

NIVEL 6 fortaleza

NIKHOS IDEAS
IDEAS QUE TRANSFORMAN GENTE

www.nikhosideas.org

© 2018 **Nikhos Ideas, Inc.**
14850 SW 26th Street, Suite 109
Miami, Florida, 33185
Tel: (305) 408-7298
Fax: (786) 533-3124
www.nikhosideas.org

Este es un libro producido por:
Nikhos Editorial y **Nikhos Art**
(Divisiones de Nikhos Ideas, Inc.)

Corrección: Marta Cipolla
Corrección Final: Ingrid Peña

Diseñador de 3D: Adan Huerta
Diseño de Portada e Interior: Horacio Ciccia

Reservados todos los derechos. Ninguna parte de este libro puede reproducirse en ninguna forma sin el permiso escrito de Nikhos Ideas, Inc.

Salvo en los casos en que se indiquen otras versiones, todas las citas bíblicas se han tomado de La Santa Biblia, Nueva Versión Internacional, NVI, Copyright © 1999 Bíblica, Inc.
Usada con permiso. Todos los derechos reservados.

ISBN # 978-1-955588-10-2

E-ISBN # 978-1-955588-11-9

2ª Edición

Prólogo a toda la serie — 7

Introducción — 9

TEMA 1: LA OBRA DE CRISTO Y EL ESPÍRITU SANTO

Es para todos – Trabajo 1 — 11

Parecido pero distinto – (Parte 1) – Trabajo 2 — 23

Parecido pero distinto – (Parte 2) – Trabajo 3 — 35

TEMA 2: EL ESPÍRITU SANTO EN LOS CREYENTES

El Espíritu Santo en acción – Trabajo 4 — 43

Todo es por el Espíritu – Trabajo 5 — 57

Tu andar determina tu vivir – Trabajo 6 — 65

Un Espíritu que da fruto – Trabajo 7 — 75

TEMA 3: EL ESPÍRITU SANTO EN LA IGLESIA

Un Espíritu que se manifiesta – (Parte 1) – Trabajo 8 — 89

Un Espíritu que se manifiesta – (Parte 2) – Trabajo 9 — 103

De la ambición a la excelencia – Trabajo 10 — 119

Irreemplazable – Trabajo 11 — 133

Bibliografía — 145

Acerca de los autores — 147

PRÓLOGO
A TODA LA SERIE

Equipamiento para todos se escribió con el propósito de fundamentar a la Iglesia, a fin de que sea perfeccionada hasta llegar a tener la madurez perfecta de Jesucristo. Es una serie de enseñanza y entrenamiento distribuida en siete libros. Para un mejor entendimiento, cada libro contiene un nivel de enseñanza que desarrolla temas afines en una secuencia progresiva.

La versión de la Biblia utilizada para el desarrollo y las preguntas de esta serie de enseñanza y entrenamiento ha sido la Nueva Versión Internacional, salvo en aquellos casos en que se indiquen otras versiones. Para trabajar con este material es importante que utilices la versión mencionada anteriormente.

Sería imposible construir un edificio consistente y seguro sin cimientos adecuados que lo sustenten. Es por esta razón que en los siete niveles que conforman *Equipamiento para todos* se colocan bases firmes para que la Iglesia sea edificada sólidamente.

El objetivo de *Equipamiento para todos* no es el estudio de la Biblia, sino que cada creyente pueda nutrirse del espíritu y la vida contenidos en la Palabra de Dios.

Equipamiento para todos tiene la particularidad de ser *profundo en su contenido y sencillo en su desarrollo.*

Los autores

INTRODUCCIÓN

Intentar agradar a Dios con las fuerzas humanas es un objetivo infructuoso. La capacidad personal nunca permitirá que alguien pueda vivir en la perfecta voluntad del Señor, honrándole en todas las áreas de la vida. En realidad, hacer el esfuerzo por lograrlo, siempre lleva a la desesperación y a la frustración de jamás alcanzarlo.

El Nuevo Pacto que Dios previó para la humanidad está basado en la obra de Cristo, no en la obra del hombre; y para entrar en este Nuevo Pacto, no sirve el esfuerzo humano, sino que es imprescindible la fe. La declaración de la Palabra de Dios así lo demuestra: *"... por gracia ustedes han sido salvados mediante la fe; esto no procede de ustedes, sino que es el regalo de Dios, no por obras, para que nadie se jacte"* (Efesios 2:8-9, NVI). Cuando se experimenta la gracia, se puede comprender que Dios planeó dar a sus hijos todo lo que necesitaban para vivir como Él manda (ver 2 Pedro 1:3).

Esta provisión del Señor parece más que completa y abundante. Sin embargo, había algo más que estaba en la mente del Señor para que sus hijos vivieran honrándolo siempre.

Jesucristo les prometió a sus discípulos que no los dejaría huérfanos una vez que Él dejara este mundo, sino que les enviaría al Consolador, al Espíritu Santo (ver Juan 14:18). Este hecho muestra que el Espíritu Santo es vital e insustituible en la vida de los creyentes en Cristo, la Iglesia. Del Espíritu Santo procede la *fortaleza* por la cual cada hijo de Dios está capacitado con autoridad y poder para cumplir la misión que el Señor le delegó para ser su testigo en el mundo.

La enseñanza de *Equipamiento para todos, Nivel 3,* está enfocada completamente en el Espíritu Santo. Observarás que el Espíritu Santo trabaja desde el principio de la creación. Tus ojos espirituales serán abiertos a un mayor entendimiento sobre el Espíritu, al ver la profunda interrelación que existe entre la obra de Cristo y el Espíritu Santo. Cuando lo comprendas, percibirás la centralidad del Espíritu Santo en la vida de la Iglesia.

A medida que vayas trabajando, comprobarás que el Espíritu Santo te guiará a toda la verdad, así como Jesús lo afirmó.

Es un verdadero privilegio dedicar este trabajo al Señor y a todo el cuerpo de Cristo.

ES PARA TODOS

El primer tema de este libro es emocionante y te cautivará, ya que comenzarás a conocer más profundamente acerca del Espíritu Santo. Su presencia y su labor fueron, son y serán esenciales e insustituibles.

El Espíritu estuvo presente y activo desde el comienzo de todo. La Palabra lo confirma al decir: *"La tierra no tenía forma y estaba vacía, y la oscuridad cubría las aguas profundas; y el Espíritu de Dios se movía en el aire sobre la superficie de las aguas"* (Génesis 1:2, NTV). Así como desde el comienzo de la creación fue necesaria la presencia del Espíritu, de igual manera su presencia es indispensable en tu vida para que puedas manifestarte en el mundo como un verdadero hijo de Dios.

EN TODOS LOS TIEMPOS

→ Seguidamente observarás que la Biblia certifica la presencia y el accionar del Espíritu Santo en todos los tiempos.

TEMA 1: LA OBRA DE CRISTO Y EL ESPÍRITU SANTO

¡A trabajar!

1. De acuerdo con Marcos 12:35-37, Hechos 4:24-25 y 28:25-29, ¿quién inspiró las palabras expresadas por David e Isaías?

2. Medita en Éxodo 31:2-3, Jueces 6:34, 1º Samuel 16:13, y deduce si el Señor enviaba su Espíritu sobre todo el pueblo de Israel o sobre algunas personas en particular.

3. ¿Sobre quiénes sería derramado el Espíritu Santo según la profecía que se encuentra en Joel 2:28-29?

4. Según expresa Hechos 1:1-5, ¿el derramamiento del Espíritu Santo ocurrió antes o después de que Cristo fuera crucificado?

La presencia y la acción del Espíritu Santo con la humanidad, en todo tiempo, son evidentes. Antes del Nuevo Pacto, Dios ungió con el Espíritu Santo solo a algunas personas para que realizaran funciones determinadas, e inspiró a los profetas antiguos. A partir del Nuevo Pacto, la humanidad puede disfrutar de una bendición muchísimo mayor, ya que a través de la obra de Cristo está disponible el derramamiento del Espíritu Santo para todo el género humano. Cada persona que se entrega a Cristo por la fe, está habilitada para recibir el Espíritu Santo.

> El Espíritu Santo que inspiró a los profetas y se les dio solo a algunas personas en la antigüedad, está a disposición de todo el género humano a partir del Nuevo Pacto.

Los creyentes no solo tienen el privilegio de seguir a Cristo, sino también de que Él viva en ellos por su Espíritu Santo.

Unidad perfecta

El Espíritu Santo y Jesucristo mantienen una unidad perfecta, ya que son manifestaciones del único Dios. De hecho, el Espíritu Santo estuvo presente en todo lo que Jesucristo hizo en el mundo, lo cual es un ejemplo de esa unidad.

A medida que avances trabajando en este libro, verás que la Palabra refleja en diferentes ocasiones la unidad de Cristo con el Espíritu Santo. Ahora, confirmarás la importancia del Espíritu en la vida de Jesús.

¡A trabajar!

5. En Mateo 1:20 y Lucas 1:35 se indica quién engendró a Jesús en el vientre de la virgen María. Escríbelo. →

6. ¿Quién descendió sobre Jesús cuando lo bautizaron, según Lucas 3:21-22? →

7. Ahora lee Lucas 4:14. ¿En qué condición Jesús regresó a Galilea? →

8. Con base en Hebreos 9:14, ¿mediante quién se ofreció Jesucristo a Dios? →

La participación del Espíritu Santo fue crucial para que el Dios eterno tomara forma humana. Mientras permaneció en la condición de ser humano, Jesús debió experimentar la presencia y la llenura del Espíritu para hacer la voluntad del Padre en la Tierra. La vida y obra de Jesucristo demuestran la perfecta unidad entre Jesús y el Espíritu Santo.

Presentación del Enviado

Existe una fiesta judía llamada *Fiesta de los Tabernáculos o de las Enramadas* (ver Levítico 23:33-36). Su objetivo es conmemorar la peregrinación del pueblo de Israel por el desierto cuando salió de Egipto. En lo referente a su práctica, el Señor le ordenó al pueblo construir enramadas y vivir en ellas durante la celebración de la fiesta (ver Nehemías 8:13-17).

En una de las celebraciones de la Fiesta de los Tabernáculos, Jesús estaba en Galilea (ver Juan 7:1-2). El último día de la fiesta ocurrió algo trascendente que podrás leer en Juan 7:37-39.

¡A trabajar!

9.
¿Cuál fue la invitación de Jesús a la multitud? (v. 37)

10.
Según la promesa de Jesús, ¿de quién brotarían ríos de agua viva? (v. 38)

11.
¿A quién se refirió Jesús al hablar de los ríos de agua viva? (v. 39)

12.
¿Qué significa Siloé, según se expresa en Juan 9:7?

13.
Lee Juan 15:26 y 16:7, para completar los espacios en blanco.

a. Cuando venga el Consolador, que yo les _____ de parte del Padre, el Espíritu de verdad que procede del Padre, él testificará acerca de mí.

b. Pero les digo la verdad: Les conviene que me vaya porque, si no lo hago, el Consolador no vendrá a ustedes; en cambio, si me voy, se lo _____ a ustedes.

TRABAJO 1

14.
Basándote en lo que respondiste, ¿con qué palabra puedes asociar a Siloé y al Espíritu Santo?

Durante la Fiesta de los Tabernáculos, los sacerdotes se acercaban al altar para derramar un poco de agua. Para realizar ese ritual, sacaban el agua de un estanque específico, el de Siloé, que significa *enviado*. Hasta ese momento, la gente desconocía que había un profundo mensaje profético escondido en el derramamiento del agua. Por esa razón, Jesús aprovechó el día más trascendente de la fiesta para levantar su voz y declarar que ese acto representaba proféticamente los ríos de agua viva que brotarían de quienes creyeran en Él. Esos ríos eran el *Espíritu Santo* que Él enviaría.

> JESÚS INVITÓ A LOS SEDIENTOS A IR A ÉL PARA BEBER, ASEGURANDO QUE DE TODOS LOS QUE CREYERAN EN ÉL BROTARÍAN RÍOS DE AGUA VIVA.

El poco de agua derramada por los sacerdotes sobre el altar, proyectaba dos figuras opuestas entre sí, pero con un claro mensaje. *Lo poco* representaba la esterilidad de los sistemas religiosos, porque carecen de vida y son incapaces de satisfacer la necesidad espiritual del ser humano. *El agua* representaba proféticamente al Espíritu Santo, quien otorga vida espiritual a cualquiera que crea en Cristo. Por esa razón, Jesús dijo que el que tuviera sed, fuera a Él y bebiera para saciarse espiritualmente. El último día de la fiesta, Jesús anunció un cambio radical: De todo aquel que creyera en Él, brotaría el Espíritu Santo como *ríos de agua viva*. Los judíos que estaban escuchando a Jesús, no eran los únicos destinatarios de la promesa divina. La declaración del Señor anticipaba que la nueva vida del Espíritu estaría a disposición de los seres humanos en todo el mundo, si creían en Él. Esto significa que la vida que el Señor ofreció *es para todos*.

ACCIÓN INTEGRAL

El Espíritu Santo desarrolla una acción integral. A través de algunas enseñanzas de Jesús, podrás ver primeramente esa acción sobre todos los seres humanos, y luego sobre los creyentes en particular.

¡A trabajar!

15. Según Juan 16:8, ¿a quién convence el Espíritu Santo y de qué?

16. Completa los versículos de Juan 16:9-11.

... en cuanto al pecado, porque ___ _____ __ ___; en cuanto a la justicia, porque ___ __ _____ y ustedes ___ ___ _____ ____; y en cuanto al juicio, porque el príncipe de este mundo ___ ___ _____ _____ .

El Espíritu Santo trabaja en toda la humanidad para convencerla de su error en tres asuntos fundamentales: el pecado, la justicia y el juicio. Este tema ya se ha explicado en el libro *Puntapié inicial*; sin embargo, aquí encontrarás algunos conceptos complementarios.

> EL ESPÍRITU SANTO CONVENCE A LA HUMANIDAD DE PECADO, DE JUSTICIA Y DE JUICIO.

El Espíritu Santo *convence de pecado* al ser humano al demostrarle que el pecado es vivir independiente de Dios. Esa independencia provoca que la gente no crea en Jesucristo, que se aleje cada vez más de Dios y aumente su incredulidad. A esta condición se refirió Jesús cuando dijo: *"... porque no creen en mí..."*. La acción del Espíritu tiene como objetivo que el ser humano se arrepienta de su independencia y entregue su vida al Señor.

El Espíritu Santo *convence de justicia* al ser humano demostrándole que Dios le hizo justicia a Cristo. Jesús siempre fue justo y sin pecado, pero al morir en la cruz Dios lo trató como a un injusto, como si fuera el pecado mismo. ¿Por qué recibió esa clase de injusticia? Porque Jesús debió pagar por los pecados de toda la humanidad (ver 1ª Pedro 3:18). Cuando el Padre lo resucitó y lo hizo sentar a su derecha en un lugar de honor, le hizo justicia de toda la injusticia que había recibido. La frase dicha por Jesús *"... porque voy al Padre..."* confirma que Dios lo vindicó, es decir, que lo defendió como alguien que fue injustamente injuriado y calumniado, haciéndole justicia dándole el lugar y la honra que le corresponden.

Es indudable que el convencimiento del Espíritu también da como resultado que el ser humano sea confrontado con su estado de indignidad y de injusticia por su condición de pecador. Por eso es capaz de reconocer que no existe forma de ser justo ante Dios fuera de Cristo. En resumen, con base en lo que Cristo hizo, cualquier persona que cree en Él recibe la justicia que el Señor le otorga y es justificada ante Dios. La Palabra lo confirma de esta manera: *"Cristo no cometió pecado alguno; pero por causa nuestra, Dios lo hizo pecado, para hacernos a nosotros justicia de Dios en Cristo"* (2ª Corintios 5:21, DHH).

El Espíritu Santo *convence de juicio* al ser humano mostrándole el resultado que produjo la victoria de Cristo sobre Satanás. El resultado de esa victoria fue que Cristo no solo pagó por el pecado del mundo, sino que además estableció un juicio justo contra el diablo, derrotándolo y condenándolo eternamente. Esta verdad se ratifica en la expresión de Jesús: *"... porque el príncipe de este mundo ya ha sido juzgado"*. Gracias a esa victoria, quien cree en Cristo no solo es perdonado de sus pecados, sino que también es librado del dominio del diablo y trasladado al Reino de Cristo.

Es necesario destacar que el Espíritu Santo realiza de manera continua la tarea de convencimiento. Su acción integral sobre el mundo hace que nadie pueda excusarse ante Dios. La realidad que cada ser humano experimenta depende de cómo responde a la labor del Espíritu Santo sobre su vida.

a. Juan 14:26 _____
_____
_____

b. Juan 16:13 _____
_____
_____

c. Juan 16:14 _____
_____
_____

17.
Lee los pasajes bíblicos y anota las diferentes actividades que realiza el Espíritu Santo en los hijos de Dios.

La trascendencia del Espíritu Santo en la vida de los creyentes es innegable. Por la acción del Espíritu, ellos reciben la enseñanza de Jesús, pueden recordar todo lo que Él dijo, son guiados a toda la verdad, y les son reveladas las cosas que están por suceder. Es notable que el Espíritu no habla por su propia cuenta, sino que le da a conocer a los discípulos todo lo que proviene de Jesús.

Hasta aquí has aprendido que el Espíritu Santo hace una obra integral en quienes no han nacido de nuevo, como también en los creyentes. Piensa por un momento qué sería de la humanidad sin la acción del Espíritu Santo; sin duda, no tendría posibilidad de reconocer su situación espiritual y recibir la salvación que Cristo ofrece. Al mismo tiempo, reflexiona qué sería de los cristianos sin el Espíritu

Santo; no sabrían dónde está la verdad, no tendrían una dirección definida ni estarían seguros acerca del futuro. Sin embargo, puedes estar agradecido al Señor de que el mundo todavía tenga la posibilidad de creer en Cristo gracias al Espíritu Santo, y de que los creyentes vivan confiados porque el mismo Espíritu habita en ellos. Alaba al Señor por haberte dado su Espíritu Santo, y vive a cada momento dependiendo de Él para ser sensible en oír su voz, y obedecerlo en todo.

PARECIDO PERO DISTINTO
(Parte 1)

TRABAJO 2

El cambio radical que el Nuevo Pacto trajo a la humanidad se puede apreciar a la luz de lo sucedido antes de que ese Pacto se estableciera. Al comprenderlo, valorarás aún más la obra de Jesucristo, gracias a la cual inició el Nuevo Pacto que dio por terminado al Antiguo. Al adentrarte en el tema, te sorprenderás al percibir la magnitud y sobrenaturalidad de los diversos aspectos de esa obra, y alabarás al Señor por todo lo que Él hizo. En este trabajo también verás la relación que existe entre la obra de Cristo y el Espíritu Santo, quien es fundamental en el Nuevo Pacto.

No hay otra manera

La historia demuestra que los pueblos han buscado satisfacer siempre su necesidad espiritual. En muchos casos, recurrieron a diferentes dioses; pero en otros casos tuvieron un encuentro con el único Dios verdadero a quien reconocieron como el Señor. Independientemente de lo mencionado, la manera de agradar a Dios no está determinada por el ser humano. Dios estableció un vínculo perfecto como el único medio para lograrlo.

¡A trabajar!

1. Lee Génesis 15:6 y responde, ¿por qué Dios reconoció a Abram como justo?

2. Según Romanos 9:31-32, ¿cómo pretendían los israelitas alcanzar la justicia?

3. Continúa trabajando y lee Habacuc 2:4 para responder de qué manera vivirá el justo.

4. Según lo que enseña Gálatas 3:11, ¿de qué manera Dios justifica a una persona, por la ley o por la fe?

5.
Lee Efesios 2:8-9, ¿cuál es el medio para salvarse, la fe o las obras?

TRABAJO 2

Existe un principio divino inalterable: *la fe* es el único medio a través del cual la humanidad puede agradar al Señor. Sin ella es imposible. Por esa razón, la fe siempre es indispensable para ser justificado y llegar a ser salvo.

Abram le creyó al Señor, es decir que tuvo fe en Él, y por ello, Dios lo reconoció como justo. A diferencia de Abram, la nación de Israel no actuó por la fe cuando Dios estableció el Antiguo Pacto, sino que buscó recibir la justificación por hacer las obras que marcaba la ley.

En el Nuevo Testamento se muestra que la justificación por la fe es indispensable para alcanzar la salvación. Debido a que este es un principio eterno, el Espíritu Santo inspiró a Habacuc, quien vivió en tiempos de la ley, a escribir que quien vive por la fe es justo, al ser justificado por el Señor a causa de su fe. Esto mismo refirió el apóstol Pablo en su carta a los Gálatas. Quiere decir que el ser humano agrada a Dios y es justificado por Él mediante la fe, dando como resultado disfrutar de salvación.

EL SEÑOR ESTABLECIÓ QUE LA FE ES INDISPENSABLE PARA QUE UNA PERSONA SEA JUSTIFICADA Y EXPERIMENTE LA SALVACIÓN.

¡A trabajar!

6. Lee Juan 3:3-8 y responde qué es necesario para ver y entrar al Reino de Dios.

En el diálogo con Nicodemo, Jesús anticipó el cambio radical que Dios produciría a partir del Nuevo Pacto. Comenzó a enseñar que el ser humano tiene una necesidad fundamental y es *nacer de nuevo*, que de acuerdo con la traducción literal del original griego es *nacer de lo alto* o *de arriba*. Siendo que Nicodemo era un dirigente religioso, Jesús le dijo: *"Tú eres maestro de Israel, ¿y no entiendes estas cosas?"* (Juan 3:10). Esa incomprensión era el resultado de un velo espiritual. Cuando Jesús expresó que era necesario *nacer de lo alto*, se estaba refiriendo a una realidad espiritual revelada en los escritos proféticos que Nicodemo debía conocer. Frases como: *"... haré un nuevo pacto..."*, *"... Pondré mi ley en su mente y la escribiré en su corazón..."*, *"Los rociaré con agua pura..."*, *"Les daré un nuevo corazón, y les infundiré un espíritu nuevo..."*, *"Infundiré mi Espíritu..."*, son declaraciones referidas al nuevo nacimiento y al Nuevo Pacto (ver Jeremías 31:31-33, Ezequiel 11:19, 36:25-27). Nicodemo no supo percibir que estaba frente a quien daría cumplimiento a esas profecías, estableciendo el Nuevo Pacto y anulando el Antiguo.

¡A trabajar!

7. Conforme a Romanos 3:20, ¿qué produce la ley en las personas?

Debido a que el Antiguo Pacto se basa en la ley de Dios, los israelitas buscaban agradar al Señor solo mediante el cumplimiento de la ley, dejando a un lado la fe. Sin embargo, la ley solamente les daba *conciencia del pecado*, pero sin proveerles la solución. A diferencia de esto, el Nuevo Pacto produce un cambio rotundo que consiste en nacer de nuevo. Este nacimiento espiritual es una obra sobrenatural ofrecida por Cristo y realizada por el Espíritu Santo, que no se puede obtener por esfuerzos humanos. Quienes se arrepienten y se entregan a Jesús, reciben el nuevo nacimiento, que sirve como puerta de entrada para ser salvo y entrar al Reino de Dios. Sin lugar a duda, el nuevo nacimiento espiritual marca un antes y un después en la historia humana.

El camino para dar y enviar

Para dar inicio al Nuevo Pacto, Jesús tenía que terminar la obra de redención para la cual el Padre lo había enviado al mundo. Gracias a esa obra, el ser humano puede experimentar una vida sobrenatural, disfrutar de comunión perfecta con Dios y ser lleno del poder del Espíritu, todo esto mediante la fe en Cristo Jesús.

Los eventos ocurridos con Jesús a partir de su muerte se pueden observar desde diferentes perspectivas. Para el análisis que comenzarás a hacer, es necesario que los observes en conexión con el Espíritu Santo, quien fue *dado* y *enviado* por Jesús. A simple vista, se puede pensar que es parecido dar el Espíritu y enviarlo, pero es algo totalmente distinto. Lo comprobarás al comprender la diferencia entre lo que Jesús debió experimentar para dar el Espíritu y para enviar el Espíritu.

Por la profundidad de esta enseñanza, te enfocarás en estos temas vitales en lo que resta de este trabajo y el siguiente.

¡A trabajar!

8. Con base en la lectura de Juan 7:39 ¿qué debía suceder con Jesús para que pudiera dar el Espíritu Santo? →

9. Según la frase *"… sopló y les dijo: Reciban el Espíritu Santo"* (Juan 20:22, RVC), ¿a quién dio Jesucristo cuando sopló? →

10. Según Juan 16:7 ¿qué debía suceder con Jesús para que pudiera enviar el Espíritu Santo? →

11. Según Lucas 24:49 y Hechos 1:8, la promesa del Padre que recibirían los discípulos era un enviado portentoso, ¿quién sería ese enviado? →

Acabas de leer y responder que Jesús debía *ser glorificado* para *dar* el Espíritu Santo, y debía *irse* para *enviar* el Espíritu Santo. Esta realidad muestra que existe una diferencia entre ambas condiciones, y al mismo tiempo, que era indispensable que se cumplieran. También observaste que cuando el Señor resucitó, *dio* el Espíritu Santo a través de su soplo; en cambio, *envió* el Espíritu algunos días después de ascender a los cielos a la vista de sus discípulos. Jesús expresó claramente que mientras no se fuera del mundo, no podría venir el Espíritu Santo a quien se refirió como *el Consolador*. Siendo así, ¿por qué el Señor sopló para que sus discípulos recibieran el Espíritu Santo, si todavía no había ascendido? Esta pregunta se contestará a la luz de la revelación de la Palabra.

> JESÚS DEBÍA SER GLORIFICADO PARA PODER DAR EL ESPÍRITU SANTO, E IRSE DE ESTE MUNDO PARA ENVIARLO.

La primera condición mencionada es la glorificación de Jesucristo. Es necesario aclarar que la palabra *gloria* y sus derivados tienen amplitud de significados y de aplicaciones. Sin embargo, no se mencionará la variedad de sus definiciones, ya que el enfoque central será que comprendas la glorificación que Jesucristo debió experimentar para poder dar el Espíritu Santo. Hay varios aspectos de esta glorificación que se irán desarrollando seguidamente, a través de un recorrido por la Palabra.

¡A trabajar!

12. De acuerdo con Juan 12:23-24, ¿qué ejemplo utilizó Jesús para hablar de su glorificación?

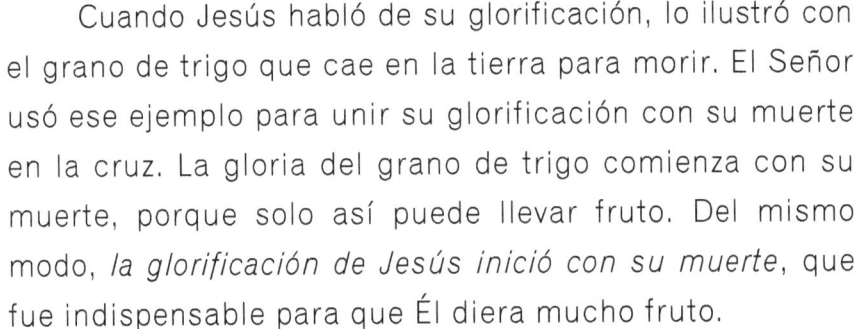

Cuando Jesús habló de su glorificación, lo ilustró con el grano de trigo que cae en la tierra para morir. El Señor usó ese ejemplo para unir su glorificación con su muerte en la cruz. La gloria del grano de trigo comienza con su muerte, porque solo así puede llevar fruto. Del mismo modo, *la glorificación de Jesús inició con su muerte*, que fue indispensable para que Él diera mucho fruto.

Mientras Jesús permaneció clavado en la cruz ocurrieron ciertos acontecimientos en los que se debe profundizar. En primer lugar, *"... Jesús sabía que ya todo había terminado..."* (Juan 19:28). Por esa razón, Él mismo declaró *"... Consumado es..."*, y *"... luego inclinó la cabeza y entregó el espíritu"* (Juan 19:30b, RVC). ¿Qué se había consumado? *La obra para la redención del ser humano*. El punto culminante del sacrificio de Jesús fue cuando entregó su espíritu, porque en ese instante terminó de pagar por completo el precio del rescate de la humanidad. Su sacrificio fue suficiente para que la redención quedara consumada.

Es importante destacar que Jesús fue divino y humano al mismo tiempo. Sin embargo, cuando vino al mundo se sujetó a habitar en un cuerpo para cumplir con el plan de redención. A través de ese "envase humano", similar al de cualquier mortal, su único propósito fue hacer la voluntad del Padre, es decir, que su muerte diera mucho fruto: *la salvación del género humano* (ver Hebreos 2:10; 12:2). Las poderosas palabras *consumado es* estaban afirmando que la redención para la humanidad se había completado, y que Jesús ya no tenía nada más que hacer.

Otro hecho significativo te ayudará a comprender este tema. Jesús le afirmó al ladrón arrepentido crucificado a su lado: *"Te aseguro que **hoy** estarás conmigo en el paraíso..."* (Lucas 23:43, énfasis añadido). La Biblia detalla una cronología de los hechos ocurridos con Jesús desde que fue crucificado: murió, fue sepultado y resucitó al tercer día. Supuestamente, el ladrón arrepentido no podría ingresar al paraíso hasta que Jesús resucitara. Sin embargo, el Señor le aseguró que ese mismo día estaría en el paraíso.

Además, ese *hoy* estuvo acompañado de las palabras *"... estarás **conmigo** en el paraíso..."* (Lucas 23:43, énfasis añadido). Quiere decir que Jesús no solo le prometió a ese hombre estar en el paraíso, sino que declaró que Él también estaría allí ese mismo día. Y es evidente que eso ocurrió a partir del instante en que Jesús entregó su espíritu al Padre, porque el espíritu del Señor no quedó "flotando en el limbo". Una vez que realizó la redención, Jesús abandonó su cuerpo mortal porque ya no le fue necesario. Desde ese momento, su espíritu entró directamente al paraíso, a la presencia del Padre. Esto significa que *la glorificación de Jesucristo comenzó desde el instante en que murió, porque con su muerte se hizo merecedor de recibir la gloria que le era propia y el Padre le tenía reservada. Así dejó para siempre la limitación de su cuerpo terrenal.*

¡A trabajar!

13. Lee Hebreos 9:12 para completar los espacios en blanco.

... entró _____ _____ _____ y _____ _____ en el _____ _____. No lo hizo con la sangre de machos cabríos y becerros, sino con ___ _____ _____, logrando así un _____ _____.

Cuando Jesús dijo *"... consumado es..."*, entregó su espíritu y entró al Lugar Santísimo. ¿Por qué Jesucristo debió entrar allí inmediatamente después de su muerte? Porque era una acción legal. Correspondía que lo primero que Cristo hiciera como sumo sacerdote fuera presentarse en el tabernáculo celestial con su propia sangre (ver Hebreos 9:11). Legalmente, y por esa acción, Cristo logró hacer efectivo el *rescate eterno* de la humanidad. Por tal razón, ese acto de Cristo como sumo sacerdote fue indispensable que sucediera antes de resucitar y ascender.

El Lugar Santísimo al que el Señor *"... entró una sola vez y para siempre..."* es el cielo mismo. La Palabra lo confirma al expresar que Cristo *"... no entró en un santuario hecho por manos humanas, simple copia del verdadero santuario, **sino en el cielo mismo**, para presentarse ahora ante Dios en favor nuestro"* (Hebreos 9:24, énfasis añadido). Desde que Cristo Jesús entró al cielo en espíritu, permaneció y está allí; Él es el Dios omnipresente. Por lo tanto, para presentarse resucitado a sus discípulos o ascender a los cielos a la vista de ellos, no necesitaba "salir del cielo para bajar a la tierra". Así que, las apariciones del Señor a sus discípulos en su nuevo cuerpo incorruptible certificaron que Él ya estaba glorificado.

En Juan 20:17 se registra que Jesús le dijo a María Magdalena: *"... todavía no he vuelto al Padre. Ve más bien a mis hermanos y diles: "Vuelvo a mi Padre..."*. Con esta declaración, Jesús se refirió específicamente a su ascensión a los cielos en su cuerpo glorificado, y no a su glorificación. El hecho de que Jesús entrara al cielo en espíritu después de su muerte no debe confundirse con su posterior ascensión a los cielos. Son dos acciones completamente necesarias y diferentes. Sobre la ascensión de Jesús a los cielos y su relación con el envío del Espíritu Santo se enseñará en el siguiente trabajo.

Para complementar el tema de la glorificación de Jesús, hay que observar Lucas 24. Allí se relata un diálogo que el Cristo resucitado mantuvo con dos discípulos que iban camino a Emaús. En un momento el Señor les hizo una pregunta. Lee el versículo 26 de ese capítulo y responde:

> *¿No era necesario que el Cristo padeciera estas cosas,*
> *y que entrara en su gloria?*
> (RVR1960).

¡A trabajar!

14.
¿Dónde debía entrar Jesús después de padecer en la cruz?

Cuando el Señor dialogó con los dos discípulos, los reprendió por su incredulidad y señaló dos de sus experiencias. A través de una pregunta reflexiva, estaba afirmando que *padecer la muerte en la cruz* y *entrar en su gloria* eran hechos que Él ya había experimentado. Esto confirma que Jesús habló de entrar en su gloria para referirse a su glorificación y no a su posterior ascensión a los cielos.

Ahora bien, la mención de entrar en la gloria se tradujo de maneras distintas en otras versiones bíblicas. Por ejemplo, se usaron frases como: *"… antes de entrar en su gloria"* y *"… antes de ser glorificado"*. El uso de la palabra *antes* puede dar lugar a malinterpretar la frase, y deducir que el Cristo resucitado todavía debía esperar ascender a los cielos para ser glorificado. Sin embargo, por todo lo ya explicado, es evidente e innegable que una vez que Jesús murió y abandonó su cuerpo mortal, no existió ninguna limitación para que, en espíritu, entrara en la gloria.

Hay que remarcar un suceso más que está narrado en el mismo capítulo del evangelio de Lucas, el cual ratifica la glorificación de Jesús. Cuando el Señor tomó el pan y lo partió para darlo a los dos discípulos, recién en ese instante a ellos se les abrieron los ojos y lo reconocieron; pero el pasaje aclara que Jesús desapareció (ver Lucas 24:30-31). Es evidente que su desaparición era señal de que ya había sido glorificado.

Has podido observar que la glorificación de Jesucristo fue una realidad que Él experimentó inmediatamente después de su muerte. Desde esta condición de glorificado, el Señor llevó a cabo acciones específicas relacionadas con el Espíritu Santo. En el próximo trabajo captarás la verdadera grandeza de esas acciones.

PARECIDO PERO DISTINTO (Parte 2)

TRABAJO 3

En el trabajo anterior comenzaste a ver que las acciones de Jesús de dar y enviar el Espíritu son distintas. A la vez, observaste que hay una diferencia entre lo que debió experimentar el Señor para dar y enviar el Espíritu. Por esta razón, profundizaste sobre la glorificación de Jesucristo como uno de los factores que marcan la diferencia. Sin embargo, la enseñanza no ha sido completada. Sigue pendiente comprender la razón por la que el Cristo resucitado sopló para dar el Espíritu Santo, cuando había dicho que no vendría hasta que Él se fuera. Continúa trabajando con interés y expectativa en la tarea de "descubrir tesoros" de incalculable riqueza.

Resucitó para dar el Espíritu

¡A trabajar!

1.
Lee 1ª Corintios 15:17 y responde, ¿qué ocurriría con los creyentes si Cristo no hubiera resucitado?

2. Ahora lee Romanos 7:4, ¿a quién pertenecen los creyentes y cuál es el resultado de esa pertenencia?

3. Según 1ª Pedro 1:3, ¿mediante qué hecho sobrenatural Dios hace nacer de nuevo al ser humano?

Como ya analizaste, Jesús murió en la cruz y se presentó en el Lugar Santísimo llevando su sangre como precio por el pago de rescate de la humanidad, confirmando que Él había terminado su obra. Aun así, para que esa obra se pudiera aplicar al ser humano, era imprescindible que Jesucristo resucitara. El Espíritu Santo lo confirmó por medio de Pablo con estas palabras: *"Él fue entregado a la muerte por nuestros pecados, y resucitó para nuestra justificación"* (Romanos 4:25). Los creyentes en Cristo son justificados porque Él resucitó. Si Jesucristo no hubiera resucitado, la fe de los creyentes no tendría ningún valor, y ellos no tendrían el perdón de sus pecados.

En el momento en que Jesús murió, la cortina del santuario del templo de Jerusalén, que separaba el Lugar Santo del Santísimo, se rasgó en dos (ver Marcos 15:37-38). Al Lugar Santísimo solo entraba el sumo sacerdote una vez al año (ver Hebreos 9:7). Hasta el momento en que Jesús murió, el Antiguo Pacto estaba en vigencia. Que la cortina del templo se rasgara, fue una figura de lo que pasaría con el Antiguo Pacto y de lo que Jesús haría a favor de la humanidad. Este es un hecho profundo y revelador. El libre acceso al verdadero Lugar Santísimo, el celestial, no estaba impedido por la cortina del templo de Jerusalén, sino por una cortina diferente. Así lo registra la Palabra: *"... por el camino nuevo y vivo que él nos ha abierto **a través de la cortina, es decir, a través de su cuerpo...**"* (Hebreos 10:20, énfasis añadido). Esta declaración establece que la verdadera cortina era el cuerpo mortal de Jesús. Por eso, cuando Él murió, "se rasgó la cortina de su cuerpo humano", y fue abierto un camino nuevo y vivo que permitió el libre acceso al Lugar Santísimo. Como señal terrenal de esa realidad celestial, la cortina del templo de Jerusalén se rasgó. Ese hecho anunció un final y un comienzo. El Antiguo Pacto se daba por terminado y el Nuevo Pacto quedaba iniciado. Una de las características sobresalientes de este pacto es la resurrección, porque en ella está el poder para que todo aquel que cree en Cristo, reciba la vida que proviene de Él. Esto se confirma por lo expresado en 1ª Pedro 1:3, al afirmar que los creyentes reciben el nuevo nacimiento espiritual gracias a que Jesucristo resucitó.

> POR LA RESURRECCIÓN DE CRISTO, LOS CREYENTES YA NO ESTÁN EN SUS PECADOS, NACIERON DE NUEVO, Y PERTENECEN AL QUE FUE LEVANTADO DE LOS MUERTOS.

La Palabra hace una distinción de lo que ocurrió con Jesús después de su muerte, que es esencial para entender su resurrección. Aquel Jesús confinado a un cuerpo mortal, *dejó para siempre ese cuerpo* cuando murió en la cruz. A quien los discípulos vieron resucitado no fue al Jesús que caminó las calles de Israel, sino al Cristo glorificado que había vencido, y recibido *"... toda autoridad en el cielo y en la tierra"* (Mateo 28:18b). Esta distinción es muy relevante. Recuerda que, durante más de tres años, los discípulos compartieron cada día con aquel Jesús que se limitó a un cuerpo mortal para efectuar la redención. Pero una vez que Él murió, *dejó para siempre ese cuerpo terrenal y fue glorificado*. Cuando el Señor volvió a presentarse a sus discípulos visiblemente, ya no lo hizo como antes, porque resucitó con un cuerpo glorificado e incorruptible. Ese cuerpo fue la demostración contundente de que el Padre lo había glorificado. Por eso al cumplir la promesa de presentarse vivo a los suyos, lo hizo en esa condición. La sobrenaturalidad de ese cuerpo glorificado se hizo evidente cuando Jesús desapareció a la vista de dos discípulos, o bien, cuando apareció en el lugar donde los discípulos estaban reunidos, estando las puertas cerradas (ver Lucas 24:31, Juan 20:19). Todo esto pone de manifiesto que *la resurrección es la certificación y el sello de que Jesucristo fue glorificado por el Padre*.

Con base en lo que analizaste hasta aquí, llegaste a la conclusión de por qué la resurrección es la clave para que Cristo estuviera habilitado a dar el Espíritu Santo. *Al resucitar, el Señor ya había sido glorificado, y su presencia en el mundo era en la nueva condición de gloria, que le otorgaba la facultad y la autoridad de dar el Espíritu Santo.*

¡A trabajar!

4. Lee 1ª Corintios 15:45, para completar los espacios en blanco.

Así está escrito: El primer hombre, Adán, se convirtió en un _____ _____; el último Adán, en el _____ ___ ___ _____.

El hecho de que la Palabra afirme que Jesús es *el Espíritu que da vida* demuestra que el Señor no vino solo como un maestro para dar enseñanzas, sino para transferir su misma clase de vida. Siendo así, es evidente que cuando Cristo sopló, estaba infundiendo su *Espíritu de vida*. Por supuesto que ese acto no estaba destinado exclusivamente a los discípulos reunidos en el lugar donde el Señor se presentó. A partir de allí, quienes se entregaran a Cristo, se convertirían en hijos de Dios, portadores de la vida del Espíritu.

¿Recuerdas que la Biblia relata cuando Dios creó al ser humano y sopló en su nariz? Cuando eso ocurrió, el cuerpo que Dios había formado del polvo de la tierra, se convirtió en un ser viviente (ver Génesis 2:7). Como una analogía de ese acto, el soplo de Cristo representa la transmisión de la vida del Espíritu que reciben quienes se entregan al Señor. Este tema se ampliará en el próximo trabajo.

Ascendió para enviar el Espíritu

¡A trabajar!

5.
De acuerdo con lo que aprendiste hasta aquí, ¿a dónde entró Jesucristo en espíritu inmediatamente después de morir?

6. Lee Mateo 28:18b. ¿Jesús dijo esas palabras antes o después de resucitar?

7. En Hebreos 4:14 aparece una frase muy gráfica para describir la manera en que Cristo ascendió a los cielos. ¿Cuál es?

8. Lee Lucas 24:49. La promesa del Padre, ¿se cumplió cuando Jesús sopló para que sus discípulos recibieran el Espíritu Santo?

9. Según Lucas 24:50-51 y teniendo en mente tu respuesta anterior, ¿qué debía pasar con el Señor para que enviara la promesa del Padre a los suyos?

a. Para enviar el Espíritu Santo

b. Para soplar el Espíritu Santo

10. Repasa las respuestas que acabas de dar y lee Juan 16:7. ¿Cuál es la frase que describe para qué era imprescindible que Jesús se fuera?

Ya comprobaste que por el soplo del Cristo resucitado los discípulos recibieron del Espíritu Santo nueva vida. Sin embargo, para que el Espíritu Santo fuera enviado, se debía cumplir la segunda condición, que el Señor se fuera de este mundo. Eso ocurrió cuando ascendió a los cielos ante la mirada de sus discípulos. Por lo expresado, no se debe confundir la acción del Cristo resucitado con la acción del Cristo ascendido.

EL CRISTO RESUCITADO EXPRESÓ QUE LE HABÍA SIDO DADA TODA AUTORIDAD EN EL CIELO Y EN LA TIERRA. Y EN ESA MISMA CONDICIÓN DE GLORIA Y AUTORIDAD, UNOS DÍAS MÁS TARDE, ASCENDIÓ ATRAVESANDO LOS CIELOS.

Ya viste la diferencia entre las acciones de Jesús de *dar* y *enviar* el Espíritu Santo. Aprendiste que el Cristo resucitado, habiendo sido glorificado por el Padre, sopló para *dar* el Espíritu Santo. Por ese acto, la vida del Espíritu podría fluir como *ríos de agua viva* en quienes creyeran en Él. También comprobaste que cuando Jesús dijo: "... *Les conviene que me vaya...*", estaba afirmando que solo cuando se fuera de este mundo podría *enviar* el Espíritu Santo, que era la promesa del Padre.

LOS DISCÍPULOS NO RECIBIERON LA PROMESA DEL PADRE POR EL SOPLO DEL CRISTO RESUCITADO, PORQUE ESA PROMESA SE CUMPLIRÍA DESPUÉS QUE ÉL ASCENDIERA A LOS CIELOS.

Existe un evidente *crescendo* en la obra realizada por Jesucristo. Al morir, Él fue al cielo en espíritu para presentar su sangre allí; al resucitar, lo hizo con un cuerpo glorificado y recibió todo poder y autoridad. En esa condición gloriosa *atravesó los cielos*, ascendiendo a la vista de sus discípulos. Habiendo ascendido, envió el Espíritu Santo sobre los creyentes para llenarlos de poder y para que fueran testigos eficaces.

Imagina lo que habrá sido estar con Jesús en el mundo, caminar con Él, oírlo enseñar y verlo realizar milagros y prodigios. Seguramente, una experiencia inigualable. Sin embargo, Jesús dijo que son dichosos quienes creyeron sin haberlo visto (ver Juan 20:29). Por esa fe han sido bautizados, revestidos, equipados y empoderados con el Espíritu Santo. De esa manera, son capaces de manifestar al Jesucristo ascendido, y realizar mayores obras que aquellas que Él hizo cuando estuvo en la Tierra (ver Juan 14:12).

EL ESPÍRITU SANTO EN ACCIÓN

TRABAJO 4

Como parte de la enseñanza sobre el Espíritu Santo, Jesús les compartió a sus discípulos acerca de tres acciones que el Espíritu realizaría en sus vidas. Una de ellas sucedió antes de que Jesús muriera, la otra ocurrió después que Él resucitara, y la otra, después de que ascendiera a los cielos. Todas ellas fueron, son y serán imprescindibles para todo creyente.

¡A trabajar!

1. En Juan 14:17b se registran dos declaraciones de Jesús referidas al Espíritu Santo y relacionadas con sus discípulos. Completa los espacios en blanco.

... Pero ustedes sí lo conocen, porque vive _____ ustedes y estará _____ ustedes.

2. La tercera declaración del Señor acerca del Espíritu está mencionada en Hechos 1:8; léelo y llena a continuación el espacio en blanco.

Pero cuando venga el Espíritu Santo _____ ustedes, recibirán poder...

Las palabras que se destacan en las tres declaraciones de Jesús son: *con, en* y *sobre*. Aunque las palabras son pequeñas, el significado espiritual de ellas es muy amplio.

CON

¡A trabajar!

3. Lee el relato del bautismo de Jesús en Lucas 3:21-22, para que puedas responder quién bajó sobre Él en forma de paloma.

4. Tomando en cuenta tu respuesta anterior, ¿cómo se hizo realidad que el Espíritu Santo estuviera *con* los discípulos? Elige la frase correcta.

a. Al vivir en ellos

b. Al estar sobre Jesús

El Señor les dijo a sus discípulos que el Espíritu Santo vivía *con* ellos. Es claro que las palabras del Maestro no estaban dirigidas a cualquier persona, sino a quienes creían en Él y lo seguían incondicionalmente. La gente que se acercaba a Jesús podía tener curiosidad y seguirlo circunstancialmente, pero los discípulos fueron quienes demostraron que creían en Él, porque permanecieron con el Señor siempre.

Por otra parte, en el momento en que Jesús fue bautizado, el Espíritu Santo vino sobre Él, y esa realidad se vio reflejada plenamente en todo su ministerio. Así que el Espíritu Santo estuvo *con* los discípulos todo el tiempo en que Jesús permaneció con ellos. El término griego original que se tradujo al español utilizando la preposición *con*, tiene también los siguientes significados: *en medio de ellos, entre ellos y al lado de ellos*. Un hecho que demostró que el Espíritu Santo estuvo *con* los discípulos, fue cuando Jesús los envió a predicar el evangelio del Reino de Dios con poder y autoridad para echar fuera demonios, sanar enfermos y resucitar muertos (ver Mateo 10:5-8, Lucas 10:1-9).

> Cuando Jesús fue bautizado, el Espíritu Santo bajó sobre Él en forma de paloma; a partir de ese momento, el Espíritu estuvo *con* los discípulos porque el Señor estaba junto a ellos.

TRABAJO 4

En

¡A trabajar!

5. Lee Juan 14:17, observa y responde en qué tiempo verbal Jesús habló acerca del Espíritu en los discípulos.

a. Pasado

b. Presente

c. Futuro

En el trabajo anterior leíste acerca del momento en que el Cristo resucitado sopló. A continuación, se transcribe ese relato bíblico:

> *²¹ Entonces Jesús les dijo una vez más: «La paz sea con ustedes. Así como el Padre me envió, también yo los envío a ustedes.» ²² Y habiendo dicho esto, sopló y les dijo: «Reciban el Espíritu Santo. ²³ A quienes ustedes perdonen los pecados, les serán perdonados; y a quienes no se los perdonen, no les serán perdonados.»*
>
> Juan 20:21-23, RVC

¡A trabajar!

6. Según el versículo 21, ¿qué hizo Jesús con sus discípulos?

7. ¿Qué era indispensable para que los discípulos fueran enviados? (v. 22)

8. Los discípulos que estuvieron con Jesús, ¿podían nacer de nuevo antes de que Él resucitara? Explica tu respuesta.

Es preciso que te enfoques en comprender adecuadamente el contexto del relato de Juan 20. Lo primero a destacar es que además de los once apóstoles, había otros discípulos presentes cuando Cristo se les apareció y sopló (ver Lucas 24:9, 33). Debido a que todo lo que el Señor hizo en esa ocasión estaba directamente relacionado con el Nuevo Pacto, lo ocurrido allí no estaba destinado exclusivamente a los discípulos presentes, lo cual se explicará más adelante en este trabajo.

Recordarás que analizaste que el Espíritu Santo estuvo *con* los discípulos mientras Jesús permaneció físicamente con ellos. Pero esa experiencia fue totalmente diferente a que el Espíritu estuviera *en* o *dentro* de los discípulos. Las palabras de Jesús: *"... Reciban el Espíritu Santo"* no se deben minimizar. Jesús dijo lo que quería decir, por lo tanto, los discípulos recibieron el Espíritu Santo cuando el Señor sopló.

Como fue explicado brevemente en el trabajo anterior, el soplo del Señor está relacionado con la transmisión de vida espiritual que es sinónimo de nuevo nacimiento. Ahora bien, alguien podría cuestionar esta afirmación, ya que el pasaje de Juan 20 no hace ninguna referencia al nuevo nacimiento. Sin embargo, la evidencia es irrefutable, porque la idea espiritual del nuevo nacimiento está implícita. Cristo, habiendo resucitado y siendo el *Espíritu que da vida*, sopló para que los discípulos recibieran la vida del Espíritu. Así que es innegable que en ese momento los discípulos fueron receptores del Espíritu de vida. A través de esa experiencia, se cumplió en ellos lo escrito por el apóstol Pedro: *"... nos ha hecho nacer de nuevo mediante la resurrección de Jesucristo..."* (1ª Pedro 1:3). Es obvio que los discípulos necesitaban ser salvos a la manera del Nuevo Pacto, que es naciendo de nuevo del Espíritu. Y ese encuentro fue el momento en que se cumplieron las palabras de Jesús: *"... el Espíritu [...] estará en ustedes"* (Juan 14:17).

Antes de seguir trabajando en este tema, es necesario aclarar que en algunas versiones bíblicas se observan variantes en Juan 14:17 relacionadas con el verbo *estará*. En cierta versión se usa el verbo en tiempo presente, lo cual pudiera dar a entender que el Espíritu Santo ya vivía en los discípulos. En otra versión se da la idea de la presencia del Espíritu *en medio* de ellos, pero no para afirmar que estaría *en* ellos. Incluso, aunque los traductores de la Nueva Versión Internacional decidieron usar el verbo *estará*, hacen una observación a pie de página para señalar que una variante textual es el verbo *está*. Sin embargo, como acabas de considerar, el sentido espiritual de la enseñanza de Jesús requiere el uso del verbo *estará*, porque el Espíritu Santo no podía estar *en* o *dentro* de los discípulos hasta que Jesús resucitara.

Ahora bien, el relato de Juan 20 contiene algunos puntos relacionados con el Espíritu Santo que es necesario destacar, porque Jesús los mencionó dentro del contexto del soplo. Antes de soplar, el Señor les dijo a sus discípulos que los enviaba como Él había sido enviado. Después de soplar para que recibieran el Espíritu Santo, les dio autoridad para otorgar o negar el perdón de los pecados.

Para comprender adecuadamente cómo opera la autoridad de la Iglesia para perdonar los pecados o no hacerlo, es preciso aclarar que estas acciones no se basan en un capricho, sino en una verdad inamovible. La salvación y la vida eterna solo se encuentran en Jesucristo. Por lo tanto, quienes se entregan a Él reciben el perdón de sus pecados y son salvos, mientras que quienes se niegan a entregarse a Él permanecen en sus pecados y se condenan a sí mismos (ver Juan 3:18). En resumen, el ejercicio de esta práctica consiste en que cuando una persona se arrepiente y se entrega al Señor, la Iglesia declara a esa persona perdonada de sus pecados. De igual modo, cuando alguien rehúsa arrepentirse y creer en Cristo, la Iglesia declara a esa persona no perdonada de sus pecados. Es decir que la Iglesia, basada en la respuesta de las personas hacia Jesucristo y su evangelio, trabaja en acuerdo con Dios y pone en práctica la autoridad delegada.

Este principio también se aplica a la vida cotidiana de la iglesia. Si una persona que se considera cristiana es confrontada con su pecado y no quiere arrepentirse, entonces la Iglesia tiene la autoridad de declarar que ese pecado no es perdonado. En cambio, si al ser confrontada se arrepiente, la Iglesia declara que el pecado de esa persona ha sido perdonado.

Como has visto, el Señor llevó a cabo las acciones de enviar, soplar y delegar autoridad para que los pecados sean o no perdonados. Sin embargo, sería un error concluir que estas acciones de Jesús estuvieron limitadas al grupo de personas a las que el Señor se les apareció resucitado. Un solo ejemplo es suficiente para certificar esta afirmación. El apóstol Tomás no estuvo presente cuando sucedió todo lo mencionado anteriormente (ver Juan 20:24, 26). Debido a esto, ¿se debería suponer que Tomás no fue enviado? ¿Se debería deducir que no nació de nuevo? ¿Se debería afirmar que no recibió autoridad sobre los pecados? Las respuestas son obvias. Aunque Tomás no estuvo presente el día que el Señor sopló, es seguro que también recibió lo mismo que los demás discípulos. De la misma manera, aunque tú y los miembros de la Iglesia a nivel mundial no estuvieron presentes ese día con Jesús, recibieron todo lo que Él impartió.

Además de lo ya expresado, un aspecto a enfatizar es que el soplo del Cristo resucitado anunciaba la señal distintiva del Nuevo Pacto de gracia: *el Espíritu Santo habitando en quienes se entregan al Señor por fe*. No obstante, debe quedar claro que a través de ese soplo los discípulos recibieron el Espíritu Santo para experimentar el nuevo nacimiento espiritual que los introdujo al Nuevo Pacto. Esto no se debe confundir con la promesa del Padre, que es el Espíritu Santo enviado sobre ellos para que fueran llenos de su *plenitud* y *poder*, lo cual sucedería después que Jesús ascendiera a los cielos.

CUANDO JESÚS SOPLÓ SOBRE SUS DISCÍPULOS Y LES DIJO: *"RECIBAN EL ESPÍRITU SANTO"*, LES ESTABA IMPARTIENDO EL ESPÍRITU SANTO COMO EL ESPÍRITU DE VIDA INDISPENSABLE PARA QUE NACIERAN DE NUEVO ESPIRITUALMENTE.

A partir del soplo de Cristo se inauguró la salvación por medio del nuevo nacimiento. De este modo, el ser humano que está muerto a causa de su pecado, recibe por la fe la nueva vida espiritual que Cristo le da. Este es el poderoso cambio que toda la humanidad puede experimentar. Con su resurrección, el Señor demostró que quitó el pecado y que, por ser el *Espíritu de vida*, sopla su aliento para que el espíritu humano pase de muerte espiritual a vida espiritual. *A partir del soplo del Cristo resucitado se abrió la puerta para que cualquiera que se arrepienta y crea en el Señor entre al Nuevo Pacto, naciendo de nuevo del Espíritu.*

ERA NECESARIO QUE JESÚS RESUCITARA PARA QUE LOS DISCÍPULOS TUVIERAN *EN* ELLOS LA NUEVA VIDA PROVENIENTE DEL ESPÍRITU SANTO, NACIERAN DE NUEVO Y FUERAN SALVOS.

Sobre

La última instrucción de Jesús antes de ascender a los cielos se relata en forma detallada en Hechos 1:4-9. Lee el pasaje y responde las siguientes preguntas.

¡A trabajar!

TRABAJO 4

9. ¿Qué debían esperar los discípulos en Jerusalén? (v. 4)

10. ¿Cuál de los dos bautismos mencionados por Jesús, está relacionado con la promesa del Padre? (v. 5)

Pero cuando _____ el Espíritu Santo _____ ustedes...

11. Completa la primera parte del versículo 8.

12. ¿Cuáles serían los dos resultados que se producirían en la vida de los discípulos cuando el Espíritu viniera sobre ellos? (v. 8)

TEMA 2: EL ESPÍRITU SANTO EN LOS CREYENTES

13. Lee Hechos 2:32-33 y escribe la secuencia de los acontecimientos experimentados por Jesús después de su muerte.

a. _____
b. _____
c. _____
d. _____

Si bien Jesús había trabajado con sus discípulos durante más de tres años, antes de irse debía recordarles que faltaba cumplirse la promesa del Padre. El cumplimiento de la promesa los facultaría para comenzar una labor fructífera basada en un poder sobrenatural y no en su capacidad natural.

Para que Cristo enviara el Espíritu Santo sobre los discípulos no bastaba con resucitar. Era necesario que ascendiera y fuera exaltado por Dios a su diestra, recibir del Padre el Espíritu Santo prometido y entonces derramarlo sobre los discípulos.

El envío del Espíritu Santo sobre los discípulos fue el cumplimiento de las palabras de Juan el Bautista, quien profetizó de Jesús: *"... Él los bautizará con el Espíritu Santo y con fuego"* (Mateo 3:11). Sin lugar a duda, por este bautismo sobrenatural los discípulos fueron equipados con el poder de Dios, y en esa fuerza extraordinaria del Espíritu se convirtieron en testigos inquebrantables de Jesucristo.

> LA PROMESA DEL PADRE ERA EL BAUTISMO CON EL ESPÍRITU SANTO, QUE PRODUCIRÍA DOS RESULTADOS SOBRENATURALES EN LOS DISCÍPULOS: EQUIPARLOS CON PODER Y CONVERTIRLOS EN TESTIGOS DE JESUCRISTO.

La palabra testigo, en su sentido original, significa mártir. Por lo tanto, ser testigo es mucho más que declarar lo que el Señor hizo y hace en la vida de un cristiano; es, esencialmente, mostrar el compromiso inalterable de llegar a dar la vida por Él. Un fiel ejemplo de esta realidad es la vida del discípulo Esteban (ver Hechos 7:54-60).

Bautismo con el Espíritu Santo

El Padre lo había prometido, Jesús lo declaró, los discípulos lo aguardaron y por fin, en la fiesta de Pentecostés ocurrió. Allí el Espíritu Santo llegó y bautizó a todos los creyentes que estaban reunidos. Fue la primera vez, pero no la última, porque desde esa ocasión, el Espíritu Santo sigue bautizando a todos aquellos que desean vivir lo sobrenatural de la vida de Cristo en este mundo.

→ En Hechos 2:1-4 se describe la llegada del Espíritu Santo. Léelo detenidamente.

¡A trabajar!

14.
¿De quién fueron llenos los que estaban reunidos? (v. 4a)

15. ¿Cómo se manifestó el Espíritu Santo a través de los discípulos? (v. 4b)

El Espíritu Santo llegó el día de Pentecostés de una forma muy poco disimulada. Todo el ámbito en el cual los discípulos estaban reunidos, fue literalmente conmovido por la presencia abrumadora del Espíritu Santo. Es evidente que el objetivo del Señor no fue montar un espectáculo para impresionar a la gente con "lenguas ardiendo en fuego sobre las cabezas de los discípulos", sino que todos ellos fueran llenos del Espíritu Santo.

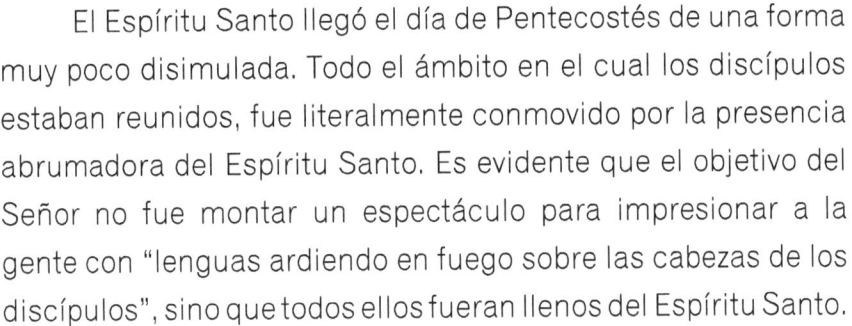

Todos los discípulos fueron llenos del Espíritu Santo y comenzaron a hablar en otras lenguas por inspiración del Espíritu.

Esta llenura fue acompañada por la habilidad de hablar en diferentes lenguajes, como una manifestación particular concedida por el Espíritu a los discípulos.

Además, el libro de los Hechos demuestra categóricamente que el bautismo con el Espíritu Santo es sobrenatural, y hay señales que así lo certifican. Cuando ocurrió la primera vez, se posaron lenguas como de fuego sobre las cabezas de los creyentes, quienes también hablaron en diferentes lenguas (ver Hechos 2:3-4). Según el registro bíblico, las lenguas como de fuego aparecieron solo esa vez. Sin embargo, no ocurrió lo mismo con el hablar en lenguas, ya que el libro de los Hechos certifica que hablar en otras lenguas como señal de recibir el Espíritu siguió ocurriendo en el transcurso de los años.

¡A trabajar!

16. Compara Hechos 2:4 con Hechos 10:44-46, y 19:1-6. Así como ocurrió la primera vez, ¿qué señal se volvió a manifestar en los creyentes que recibieron el Espíritu Santo?

Hablar en lenguas como señal de ser bautizado con el Espíritu Santo es un tema de importancia bien documentado en el libro de los Hechos. Tanto es así, que está demostrado que entre la primera experiencia relatada en Hechos 2 y la que se encuentra en Hechos 19, transcurrieron aproximadamente unos veinte años. Esto da a entender claramente que el hablar en otras lenguas al recibir el bautismo con el Espíritu Santo, no fue una experiencia única para los primeros discípulos el día de Pentecostés; por el contrario, el Señor la estableció como una experiencia espiritual trascendente e indispensable para todos los hijos de Dios en todo tiempo y lugar.

En Hechos 10 está relatada la experiencia del apóstol Pedro en Cesarea con Cornelio y algunos parientes y amigos suyos. Mientras que Pedro les hablaba acerca de Cristo, sobrenaturalmente descendió sobre ellos el Espíritu Santo y hablaron en lenguas (ver Hechos 10:44-46). En Hechos 11 se describe cuando Pedro volvió a Jerusalén y explicó lo que le había ocurrido. Se refirió al suceso del bautismo con estas palabras: *"Cuando comencé a hablarles, el Espíritu Santo descendió sobre ellos tal como al principio descendió sobre nosotros"* (Hechos 11:15). Es evidente que la frase **"... *tal como al principio descendió sobre nosotros...*"** hace referencia al hablar en lenguas, lo cual queda demostrado por lo expresado en el capítulo 10.

Aunque en el libro de los Hechos no siempre se señala que los creyentes hablaban en lenguas cuando recibían el Espíritu Santo, es una realidad innegable que queda demostrada por los textos bíblicos que analizaste.

Hasta aquí has visto la importancia de las lenguas como señal del bautismo con el Espíritu Santo. Pero la Palabra muestra otros alcances de las lenguas para la Iglesia de Cristo, que será importante que conozcas. Por lo tanto, en el trabajo 10 se ampliará este tema.

Durante este trabajo pudiste observar la centralidad del Espíritu Santo en todo lo que Dios planeó para sus hijos. Confirmaste que los discípulos que estuvieron con Jesús durante su ministerio terrenal, experimentaron al Espíritu Santo *con, en* y *sobre* ellos, como parte de un proceso. Esto se debió a la transición del Antiguo al Nuevo Pacto. Hoy, gracias a la obra consumada de Cristo, el Nuevo Pacto está en vigencia, y tú tienes el derecho de disfrutar del Espíritu Santo en toda su plenitud. Ser bautizados con el Espíritu es la manera que el Señor diseñó para que sus hijos vivan ejercitando el poder sobrenatural que han recibido. Además, este bautismo es el equipamiento indispensable para que tú y todos tus hermanos vivan gobernados completamente por Él. ¡Es un privilegio confirmar que el Espíritu Santo sigue en acción!

TODO ES POR EL ESPÍRITU

TRABAJO 5

Experimentar la llenura del Espíritu Santo es esencial, porque vivir la vida de Cristo sin esa plenitud es imposible. Aprender a vivir continuamente en esa plenitud debe ser tu objetivo. Por eso, depender del Espíritu Santo no es opcional para ti como discípulo de Cristo, sino la esencia y el motor que te impulsan a caminar con Él. Por esa dependencia bendita crecerás en el conocimiento del Señor, y entenderás las verdades de Dios por revelación directa del Espíritu Santo.

SELLO DE GARANTÍA

¡A trabajar!

a. _____

b. _____

c. _____

d. _____

1. Lee Hechos 1:4; 2:4; 8:15; 10:45-46 y escribe con qué frases equivalentes se define el bautismo con el Espíritu Santo.

Estas diversas expresiones son sinónimas y se refieren a una misma acción: *el bautismo con el Espíritu Santo*. Quiere decir que cuando el Señor les da a sus hijos *la promesa del Padre, el don del Espíritu Santo*, los *llena del Espíritu Santo*, y *reciben el Espíritu Santo*, es porque *los bautiza con el Espíritu Santo*. Aunque expresado de diferentes maneras, este es un mismo y único hecho que los creyentes experimentan una sola vez en sus vidas.

La enseñanza acerca del Espíritu Santo y su obra es amplia. Seguidamente, analizarás dos pasajes bíblicos de importancia y responderás algunas preguntas.

> *21 Ahora bien, el que nos confirma con ustedes en Cristo y el que nos ungió, es Dios, 22 quien también nos selló y nos dio el Espíritu en nuestro corazón como garantía.*
>
> 2ª Corintios 1:21-22, NBLH

¡A trabajar!

2. Según el versículo 22, ¿cuáles son las dos acciones que Dios realizó con sus hijos?

> *13 También ustedes, luego de haber oído la palabra de verdad, que es el evangelio que los lleva a la salvación, y luego de haber creído en él, fueron sellados con el Espíritu Santo de la promesa, 14 que es la garantía de nuestra herencia hasta la redención de la posesión adquirida, para alabanza de su gloria.*
>
> Efesios 1:13-14, RVC

¡A trabajar!

3.
El Espíritu Santo es garantía de un tesoro eterno, ¿qué es?

En ambos pasajes bíblicos se mencionan las palabras *sellar* y *garantía* (o *arras* como se expresa en otras versiones bíblicas), para enseñar dos verdades sobresalientes. Por un lado, la acción divina de sellar es una señal especial que identifica a los hijos de Dios como propiedad del Señor. Por esa condición tienen sentido de *pertenencia*. Por otro lado, la garantía es un anticipo de la presencia de Dios en la vida de sus hijos, para asegurarles que recibirán su tesoro eterno, la *herencia* que Dios tiene reservada para ellos. Esa garantía es el Espíritu Santo. En resumen, el hecho de que Dios *selle* a los creyentes indica *pertenencia*, mientras que la *garantía* asegura la *herencia*.

Llegado a este punto es necesario hacer una observación. La frase "... *fueron sellados con el Espíritu Santo de la promesa...*" (RVC), en algunas versiones bíblicas se tradujo de manera diferente. Por ejemplo, la Nueva Versión Internacional dice: "... *fueron marcados con el sello que es el Espíritu Santo prometido*". Aunque la redacción sea distinta, en ambos casos el mensaje es el mismo, porque muestra al Espíritu Santo como sello de garantía.

Se puede interpretar que la frase de 2ª Corintios "... *quien también nos selló...*", se refiere a lo mismo que se expresa en Efesios al afirmar que los hijos de Dios

"... fueron sellados con el Espíritu Santo...". Esa interpretación, aunque razonable, pudiera ser parcial e incompleta. ¿Por qué? Porque en la enseñanza a los corintios, Pablo separó la acción de Dios de *sellar* a sus hijos, de la acción de *darles el Espíritu Santo*. Por lo tanto, el hecho de ser sellados por Dios puede tener un sentido más amplio, y estar asociado a las otras acciones divinas mencionadas en el pasaje analizado, como las de *confirmar* y *ungir*. Sin embargo, en el escrito de Pablo a los efesios, se expresa específicamente que Dios selló a sus hijos con el Espíritu Santo. Más allá de estas conclusiones, la acción de Dios de sellar a sus hijos se destaca como una marca que les da a los creyentes la seguridad de que pertenecen al Señor.

El objetivo primordial de la enseñanza en su conjunto es que comprendas y valores todo lo que Dios ha hecho por ti. *El Señor te selló como su propiedad y te dio al Espíritu Santo como garantía de la herencia prometida, para que experimentes la plenitud de su Espíritu todos los días de tu vida.*

SIEMPRE LLENOS

¡A trabajar!

4. Lee Hechos 2:4a, y elige la frase que indica el estado espiritual que alcanzaron los discípulos al ser bautizados con el Espíritu Santo.

a. Fueron limpios de sus pecados

b. Fueron llenos del Espíritu Santo

5.
¿En qué estado espiritual se encontraban Pedro, Esteban, Pablo y los discípulos según Hechos 4:8, 7:55 y 13:9 y 52?

Por tus respuestas comprobaste que cuando una persona recibe el bautismo con el Espíritu Santo, experimenta una nueva condición espiritual: *está llena del Espíritu*. Los ejemplos de Pedro, Esteban, Pablo y los discípulos confirman esta realidad. Esto demuestra que el diseño del Señor para el creyente es vivir de manera permanente en estado de llenura o plenitud, porque es la clave para que la vida de Cristo fluya y se manifieste de manera natural a través suyo.

> CUANDO LOS DISCÍPULOS RECIBIERON EL BAUTISMO CON EL ESPÍRITU SANTO FUERON LLENOS DE ÉL, Y PERMANECIERON DURANTE TODA LA VIDA EN ESE ESTADO.

Lee el pasaje bíblico que encontrarás transcrito debajo:

[18] Y no se embriaguen con vino, pues en esto hay desenfreno. Más bien, sean llenos del Espíritu, [19] hablando entre ustedes con salmos, himnos y canciones espirituales; cantando y alabando al Señor en su corazón; [20] dando gracias siempre por todo al Dios y Padre

en el nombre de nuestro Señor Jesucristo;
²¹ *y sometiéndose unos a otros en el temor de Cristo...*
Efesios 5:18-21, RVA-2015

¡A trabajar!

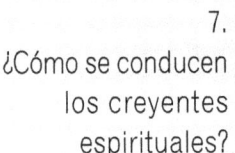

6. ¿Cuál es la frase en la que se menciona al Espíritu? (v. 18)

7. ¿Cómo se conducen los creyentes espirituales?

La frase *"... sean llenos del Espíritu..."*, requiere algunas aclaraciones de importancia. En principio, la frase incluye la preposición griega 'év', que en la mayoría de las versiones bíblicas en español se decidió traducir como *del*. Sin embargo, también podría traducirse con las palabras: *con, en, por* y *de*. Además, en el idioma original la palabra traducida como Espíritu (pneuma), aparece escrita siempre en minúscula y el contexto determina si se refiere al espíritu humano o al Espíritu divino. Ahora bien, en este pasaje en particular, el contexto puede dar lugar a dos interpretaciones diferentes de la palabra griega 'pneuma'.

Aunque en gran parte de las versiones bíblicas se tradujo como referida al Espíritu Santo, la Santa Biblia Versión Recobro expresa: *"... sed llenos en el espíritu..."*. Con esto da a entender que la referencia es al espíritu humano y no al Espíritu Santo. Es importante agregar que como esta instrucción no vuelve a repetirse en otros pasajes del Nuevo Testamento, no existe un contexto bíblico más amplio al que se pueda recurrir. Así que, por todo lo explicado, y aunque existen diferentes argumentos teológicos para defender alguna postura en particular, no se puede ser concluyente y afirmar con absoluta certeza si se refiere al Espíritu Santo o al espíritu humano. Sin embargo, lo sustancial es comprender el sentido esencial de aquello que el Espíritu quiere transmitir a los creyentes de todos los tiempos.

Tomando como base las dos interpretaciones de la palabra 'pneuma' mencionadas arriba, hay dos formas de comprender la instrucción de Pablo. Si se refiere a ser llenos del Espíritu Santo, es en el sentido de que cada creyente permanezca en la llenura que recibió cuando el Señor lo bautizó con el Espíritu. Nunca podría comprenderse como una instrucción literal de llenarse a uno mismo del Espíritu Santo, porque no hay ningún humano que lo pueda hacer. Dios es el único que llena de su Espíritu a las personas, de manera sobrenatural (ver Isaías 42:1, Ezequiel 36:27, Lucas 1:15, 41, 67; 3:22, Juan 1:32-33, Hechos 2:4; 4:31). Si se refiere a ser llenos en el espíritu, la instrucción es que los creyentes se llenen de todo aquello que procede de Cristo.

Ahora bien, más allá de que la instrucción apunte a llenarse del Espíritu o a llenarse en el espíritu humano, los versículos 19 al 21 de Efesios 5 muestran que hay una conducta práctica para experimentar esa llenura. La conducta está relacionada con las acciones espirituales de los creyentes entre sí. Cuando *hablan con salmos, himnos y canciones espirituales, cantan y alaban al Señor en sus corazones, dan gracias siempre por todo al Padre y se someten los unos a los otros en el temor de Cristo*, entonces los creyentes permanecen en la llenura del Espíritu Santo y continúan llenándose en sus espíritus de lo que procede de Cristo. Es notable que las acciones espirituales terminen mencionando el sometimiento de los unos a los otros. Es probable que las primeras acciones sean más sencillas de practicar; sin embargo, el sometimiento mutuo es una señal distintiva, porque es la evidencia fundamental de que los creyentes viven verdaderamente en la plenitud del Espíritu.

> Los creyentes espirituales viven en la plenitud del Espíritu y lo demuestran en alabanzas, acciones de gracias al Señor y sometimiento mutuo en el temor de Cristo.

TU ANDAR DETERMINA TU VIVIR

En el trabajo anterior observaste cuáles son las acciones normales de un creyente espiritual que mantiene la plenitud del Espíritu Santo en su vida. Cuando un hijo de Dios llena su espíritu de todo aquello que honra al Señor y vive lleno del Espíritu, lo demuestra en su caminar diario, así como la Palabra lo expresa.

ANDAR Y VIVIR GUIADOS

¡A trabajar!

1. Según Romanos 8:14, ¿cómo demuestran los creyentes que son hijos de Dios?

2. Gálatas 5:16 y 25 mencionan dos acciones que los creyentes deben realizar, ¿cuáles son?

Jesús les prometió a sus discípulos que el Espíritu Santo siempre los guiaría (ver Juan 16:13). Por lo tanto, es evidente que una de las funciones del Espíritu es guiar a los hijos de Dios. Pero esto no significa que Él los obliga a obedecer su guía, ya que cada creyente debe disponerse a ser guiado por el Espíritu.

Cabe mencionar que el apóstol Pablo, para hablar de *hijos* en su carta a los Romanos, utilizó los términos griegos 'teknon' y 'huios'. La palabra 'teknon' enfatiza el hecho de haber sido engendrado como hijo, y describe al niño que está en proceso de crecimiento. En cambio, 'huios' es el hijo que está en una etapa más avanzada de crecimiento, y su conducta demuestra un carácter semejante al de su padre, y la dignidad de la relación que mantiene con él.

Todos los hijos de Dios deben ser conscientes de que la vida cristiana normal depende de la guía y la dirección del Espíritu Santo. Quien desoye la voz del Espíritu y no obedece su conducción, no podrá experimentar una vida en Cristo. Por esa razón, Pablo declaró que *"todos los que son guiados por el Espíritu de Dios son hijos de Dios"* (Romanos 8:14). La palabra traducida como hijos en este versículo es 'huios'. Quiere decir que el gobierno y la guía del Espíritu Santo hacen que los hijos de Dios reflejen un carácter semejante al del Padre celestial, y dignifiquen la unión que mantienen con Él. Estos hijos, conscientes del valor de la guía del Espíritu Santo, caminan diariamente en obediencia honrando al Señor en todo. Quien subestime este principio divino caminará bajo la influencia de su naturaleza pecaminosa que solo da como resultado la muerte (Romanos 8:13).

Vivir y *andar* por el Espíritu son la norma para que todo cristiano agrade al Señor. La expresión *vivan*, usada en Gálatas 5:16, que en otras versiones bíblicas se traduce con el verbo *andar*, es una instrucción personal relacionada con la conducta. Cada hijo de Dios es llamado a *vivir por el Espíritu* siguiendo su dirección día a día, en todas las áreas. Es muy importante comprender que el Espíritu Santo ejerce su dirección en el espíritu de los hijos de Dios, y desde allí también dirige el alma y el cuerpo de los creyentes. Siendo así, quienes viven por el Espíritu, manifiestan una espiritualidad genuina y sólida en todas sus acciones, demostrando que son guiados por el Espíritu Santo. Esta manera de vivir es la antítesis de una vida anímica en donde la guía procede del alma, la cual termina tomando el control total de las acciones del creyente. Esta es la gran diferencia entre el estilo de vida de un creyente espiritual y el de uno inmaduro o carnal.

Vivir por el Espíritu es una responsabilidad personal. Sin embargo, el término *andemos* usado en Gálatas 5:25, hace alusión a una responsabilidad colectiva. Esta palabra es muy rica en su significado original y amplía la comprensión del versículo y su contexto. *Andemos* se refiere a que todos los creyentes marchen juntos como en una formación militar, guardando cada uno su posición, y caminando todos a un mismo paso, siempre siguiendo al Espíritu Santo para mantenerse en una unidad indestructible. Debido a que los hijos de Dios tienen la vida del Espíritu, están capacitados para seguir al Espíritu Santo.

LOS CREYENTES DEMUESTRAN SER HIJOS DE DIOS AL VIVIR Y ANDAR GUIADOS POR EL ESPÍRITU SANTO.

Hay una paráfrasis de Gálatas 5:25, realizada por Matthew Henry, que es un excelente complemento de lo expresado: *"Si estamos viviendo por el espíritu, avancemos también codo con codo* (en correcta formación) *por el espíritu"*[1].

¡Cuídate!

A través de la Palabra comprobaste que la condición normal para todo verdadero cristiano es permanecer lleno del Espíritu Santo, viviendo y andando por el Espíritu. Si se mantiene en ese estándar, lo que fluye de él es Cristo mismo. De no hacerlo así, afectará al Espíritu Santo, a sí mismo y a los demás. Analizarás algunos pasajes bíblicos, a través de los cuales se muestra la manera en que puede ser afectado el Espíritu Santo.

¡A trabajar!

3. ¿Qué se puede hacer contra el Espíritu Santo según estos versículos?

a. Hechos 7:51 _____
_____
_____

b. Mateo 12:31 _____
_____
_____

El discípulo Esteban fue llevado ante las autoridades del Consejo religioso de su tiempo, a causa de los prodigios y las señales milagrosas que hacía por el Espíritu, así como por la sabiduría divina que lo guiaba. Cuando comenzó a hablar con ellos, relató muchas de las obras que Dios había hecho con el pueblo de Israel. Luego los confrontó al decirles que ellos resistían siempre al Espíritu Santo, al igual que sus antepasados. *Resistir* había sido la acción constante de Israel al *luchar contra el Espíritu*.

Esteban estaba lleno del Espíritu del Señor; así que las autoridades religiosas, al oponerse a él, se estaban oponiendo al Espíritu. Lo mismo había hecho Israel con los profetas enviados por Dios. A lo largo de su historia, Israel permitió que un espíritu de incredulidad y obstinación lo llevara a alejarse del Señor, oponiéndose y desobedeciendo constantemente al Espíritu Santo.

Cuando leíste Mateo 12:31, observaste que Jesús aseguró enfáticamente que blasfemar contra el Espíritu Santo es un pecado que jamás será perdonado. Blasfemar consiste en calumniar, injuriar, difamar y hablar con desprecio. El contexto de Mateo 12 muestra que los fariseos dijeron que Jesús había liberado a un endemoniado por el poder del príncipe de los demonios. De esa manera le atribuyeron a Satanás la autoría de una obra que Jesús había hecho por el Espíritu de Dios (ver Mateo 12:28). Este no fue un pecado de ignorancia de los fariseos, sino una acción consciente y deliberada, resultado de un continuo rechazo a Jesús y a las obras que Él hacía (ver Mateo 12:22-32).

Ahora bien, determinar si los fariseos blasfemaron contra el Espíritu Santo no es lo más importante, sino comprender el contenido de la declaración de Jesús como una advertencia para todos. De hecho, esta misma advertencia también está registrada en Lucas 12:10, pero en un contexto totalmente diferente. Jesús afirmó que quien hable contra Él puede ser perdonado, pero agregó que quien blasfeme contra el Espíritu Santo no será perdonado. Es evidente que Jesús unió ambas ideas para mostrar el peligro ante el cual se pueden exponer los seres humanos.

Existe un principio divino incuestionable: cualquiera que blasfeme contra el Espíritu Santo se expone a sí mismo a un riesgo irreversible, porque anula cualquier posibilidad de que el Espíritu actúe en su vida. Una persona en esta condición no puede ser conducida por el Espíritu al arrepentimiento para alcanzar el perdón, como tampoco puede pretender que el Señor haga algo a su favor. Esto demuestra la gravedad de rechazar al Espíritu del Señor al punto de llegar a agraviarlo y despreciarlo.

¡A trabajar!

4. ¿Qué hizo Ananías? Encuentra la respuesta en Hechos 5:3-4.

A diferencia de lo que has analizado hasta aquí, el caso de Ananías y Safira es un hecho sucedido dentro de la Iglesia del Señor, ya que ellos formaban parte de la iglesia naciente en Jerusalén. Ananías había entregado una ofrenda pero no lo había hecho con corazón puro sino con intenciones engañosas. Cuando Pedro supo por revelación del Espíritu acerca del engaño y confrontó a Ananías por su conducta, puso el énfasis en el origen de su pecado, para mostrarle la gravedad de lo que había hecho. La raíz del problema no estuvo en la cantidad del dinero entregado o retenido. *El pecado real fue mentirle al Espíritu Santo.* Ananías armó una historia falsa sobre el precio al que había vendido su propiedad, y se puso de acuerdo con su esposa para mentir (ver Hechos 5:7-9). Cuando Pedro discernió por el Espíritu lo que habían permitido anidar en sus corazones, declaró que esa mentira no había sido contra los apóstoles, ni contra otras personas, sino contra Dios. Ellos, al mentirle al Espíritu Santo, le mintieron a Dios, y como consecuencia, el Señor castigó ese pecado con la muerte repentina de ambos.

Hay otra acción que se puede cometer contra el Espíritu Santo, expresada en la Palabra de esta manera:

> *No causen tristeza al Espíritu Santo de Dios...*
> Efesios 4:30, BLPH

¡A trabajar!

5.
Según Efesios 4:25-29 y 31, ¿cuáles son algunas de las acciones de un creyente que entristecen al Espíritu Santo? Escríbelas.

6.
Con base en los versículos 22 al 24 del mismo capítulo, ¿con qué naturaleza están asociadas las acciones que entristecen al Espíritu?

7.
De acuerdo con 1ª Tesalonicenses 5:19, ¿qué acción del creyente puede afectar al Espíritu?

Uno de los engaños más sutiles para el creyente, y a la vez peligroso, es quedar atrapado en un sentimiento de satisfacción por creer las doctrinas correctas, pero descuidar su conducta. El contexto del pasaje de Efesios muestra algunas actitudes específicas por las cuales un creyente entristece al Espíritu Santo. Sin embargo, la lista que escribiste no es única ni exclusiva, sino un ejemplo de aquello que causa tristeza al Espíritu. Toda actitud y conducta que no provengan del Señor, provocarán que un creyente entristezca al Espíritu Santo que habita en él.

Entristecer al Espíritu Santo no es algo ligero o irrelevante, sino una acción grave que no solo afecta la vida personal del creyente sino también al cuerpo de Cristo, porque todos son miembros de un mismo cuerpo (ver Efesios 4:25b).

Un cristiano, a través de sus palabras y acciones, puede entristecer al Espíritu Santo. Pero es necesario aclarar que el significado de la palabra *entristecer* como es usada en este versículo, no es el de una simple aflicción o un dolor pasajero, ni tampoco la tristeza que se siente por recibir una mala noticia. Entristecer es *ofender, herir* y *causar dolor*. Si observaste con atención, las acciones que Pablo exhorta a no practicar, están directamente relacionadas con la vieja naturaleza. El apóstol asoció esas acciones con un ropaje perteneciente a la vieja naturaleza. Quienes se entregaron a Cristo debieron quitarse ese ropaje para siempre, y vestirse con el ropaje de la nueva naturaleza creada a imagen de Dios. Quiere decir entonces que el Espíritu Santo es entristecido y agraviado por un creyente que desconoce el valor del ropaje de la nueva naturaleza, y actúa por los deseos engañosos y corruptos de la vieja naturaleza, al usar un ropaje que es indigno para el Señor.

También has observado que se puede *apagar* el Espíritu. Este término da la idea de *extinguir* o *apagar* el fuego producido por un incendio. Cuando el apóstol Pablo mencionó al Espíritu Santo dio a entender que es el fuego del Señor en los creyentes que nunca debe ser apagado. Por lo tanto, la finalidad de su instrucción es que los hijos de Dios no participen en ninguna acción que apague el Espíritu Santo en sus vidas. Cada discípulo debe ser consciente de que el Espíritu Santo es insustituible, porque solo Él produce beneficio espiritual en su vida y en la de la Iglesia. Confirmando lo antedicho observarás algunos ejemplos en la Palabra:

- El Espíritu Santo da crecimiento a la Iglesia y la fortalece (ver Hechos 9:31).
- El Espíritu Santo les da poder a los creyentes para dar muerte a los malos hábitos del cuerpo (ver Romanos 8:13).
- El Espíritu Santo ayuda a los creyentes en su debilidad e intercede por ellos (ver Romanos 8:26).
- El Espíritu Santo llena a los creyentes de fervor para servir al Señor (ver Romanos 12:11).
- El Espíritu Santo da diferentes manifestaciones espirituales a los creyentes, a través de dones, maneras de servir y funciones, repartiendo a cada uno como Él quiere (ver 1ª Corintios 12:4-7, 11).
- El Espíritu Santo les da a los creyentes el poder para que cuiden la enseñanza apostólica que recibieron (ver 2ª Timoteo 1:14).

> Las acciones que entristecen al Espíritu están asociadas con la vieja naturaleza. Además, los creyentes no deben apagar el Espíritu.

Por lo que aprendiste, es evidente que todo lo que proviene del Espíritu Santo es indispensable. Por lo tanto, no debe ser considerado como de poca importancia, innecesario o desechable, porque de hacerlo se apagaría el Espíritu.

A través de todo este trabajo has aprendido a valorar la importancia vital del Espíritu Santo, de permanecer lleno de Él, y de la libertad que debe tener para manifestarse en la Iglesia. Jesús dijo: *"... si expulso a los demonios por medio del Espíritu de Dios, eso significa que el reino de Dios ha llegado a ustedes"* (Mateo 12:28). Con estas palabras mostró la centralidad del Espíritu Santo para que el Reino de Dios se haga evidente en el mundo. La Iglesia experimenta la vida de Cristo porque el Espíritu Santo la habita. Sin Él, el cristianismo se convierte en un sistema religioso institucional y sin vida. Cualquier obra que se realice por la acción del Espíritu Santo manifiesta que el Reino de Dios está presente, y transmite la vida de Cristo.

¿No crees que es importante tomarte un tiempo para agradecer al Señor por el Espíritu Santo y su constante acción en tu vida? ¡Hazlo en este momento!

UN ESPÍRITU QUE DA FRUTO

Seguramente fue revelador para ti descubrir que la plenitud del Espíritu es esencial para que cada creyente sea lleno del poder de Dios y un valiente testigo de Jesucristo. Ahora comenzarás a observar que el Espíritu Santo produce un fruto para que se manifieste en tu vida y reflejes a Cristo. Gracias a Dios, en el Espíritu Santo *siempre hay más*.

¡FUISTE RESCATADO PARA VENCER!

→ Busca Colosenses 2:11 y Romanos 6:6 para meditar en su contenido y responder.

¡A trabajar!

1.
¿En qué consiste la circuncisión y quién la hizo?

2.
¿Cuál fue el propósito de que la vieja naturaleza del creyente fuera crucificada con Cristo?

No existe ser humano que pueda despojarse por sí mismo de su cuerpo pecaminoso, que es como un "tumor canceroso" que deteriora al individuo hasta llevarlo a la muerte eterna. Sin embargo, los creyentes experimentaron una circuncisión que los libró de ese "tumor" sin hacer ningún esfuerzo personal. Nadie más que Cristo pudo realizar esta circuncisión, una "cirugía espiritual sobrenatural" que despoja o libra al creyente del cuerpo pecaminoso.

Cuando Cristo murió en la cruz, crucificó allí la vieja naturaleza que domina a todos los seres humanos. ¿Por qué Cristo debió hacer esto? Porque la vieja naturaleza está ligada al pecado que habita en el ser humano desde que este es engendrado, y lo gobierna por completo. Así, el alma del ser humano esclavizada por el pecado utiliza al cuerpo como un instrumento para llevar a cabo los deseos pecaminosos. En este sentido, Pablo lo describió como *cuerpo pecaminoso*. Quiere decir que cuando la vieja naturaleza fue crucificada, Cristo circuncidó a los creyentes del cuerpo pecaminoso para que este perdiera su poder, y así, hacerlos libres de la esclavitud del pecado. Por el hecho de pertenecer a Cristo, has sido librado de tu vieja naturaleza desde que naciste de nuevo, sin importar si tienes años de seguir al Señor o si te entregaste a Él recientemente. Como verás, no hay nada que tú tengas y disfrutes que no provenga de Cristo.

> La circuncisión que efectuó Cristo despoja al creyente del cuerpo pecaminoso. El propósito de Cristo al crucificar la vieja naturaleza de pecado fue para que el cuerpo pecaminoso perdiera su poder.

→ Busca en tu Biblia Gálatas 5:16-21 y 24-25 para continuar este camino apasionante de verdades divinas transformadoras.

TEMA 2: | 77
EL ESPÍRITU SANTO EN LOS CREYENTES

¡A trabajar!

3.
Según los versículos 16 y 17, ¿quiénes se oponen entre sí?

4.
Hay dos aspectos que los creyentes deben tener en cuenta para experimentar una vida de victoria, ¿cuáles son? (vs. 16 y 18)

5.
¿Qué les sucede a los que practican las obras de la naturaleza pecaminosa? (v. 21)

TRABAJO 7

6.
¿Qué entiendes por *practicar*?

7.
¿Cuál es la acción que realizaron los que son de Cristo? (v. 24)

equipamiento para todos
Nivel 3: fortaleza

Entre el Espíritu y la naturaleza pecaminosa siempre hay una lucha, porque los deseos de ambos están permanentemente opuestos entre sí. Aunque el creyente sienta los efectos de esa lucha, puede experimentar la victoria del Espíritu al seguir la instrucción escrita por Pablo: *vivir por el Espíritu y dejarse guiar por Él*. Si así lo hace, no cederá a la seducción de la naturaleza pecaminosa para cumplir sus deseos.

> Debido a que la naturaleza pecaminosa y el Espíritu se oponen entre sí, los creyentes experimentan una vida de victoria cuando viven y son guiados por el Espíritu.

Es necesario comprender que cuando la Biblia habla de *practicar* las obras de la naturaleza pecaminosa, se refiere al ejercicio deliberado, consciente y constante de un pecado al que no se quiere renunciar. La consecuencia para quien persiste en pecar es no heredar el Reino de Dios.

La victoria de Cristo es tuya desde el día en que naciste de nuevo. Dos hechos trascendentes confirman que has sido diseñado para vencer: *fuiste crucificado con Cristo* para que tu naturaleza pecaminosa ya no pudiera dominarte, y *recibiste la llenura del Espíritu Santo* como un equipamiento sobrenatural.

Queda claro que tu crucifixión junto con Cristo es un hecho que el Señor realizó a tu favor, y en el cual no tuviste ninguna participación (ver Gálatas 2:20). Siendo así, ¿por qué razón Pablo dijo que quienes pertenecen a Cristo "... **han crucificado** su naturaleza pecaminosa..." (Gálatas 5:24a, énfasis añadido)? ¿Cómo es posible que los creyentes *hayan crucificado* algo que Cristo ya crucificó? De una sola manera: creyendo que la crucifixión de Cristo se aplicó a sus vidas el mismo día que se entregaron a Él, y manteniendo esa convicción por fe. Como resultado, pueden experimentar que la naturaleza pecaminosa no tiene más dominio sobre ellos. Esto explica por qué el apóstol no utilizó expresiones como "están crucificando" o "crucificarán", sino *han crucificado*. Como ya se ha mencionado, los creyentes fueron crucificados con Cristo por una decisión soberana y una obra que solo el Señor pudo realizar. Por lo tanto, a través de la expresión *han crucificado*, Pablo se refirió a los creyentes que por la fe experimentan esa declaración como una vivencia real y cotidiana, lejos de ser una afirmación bíblica teórica.

Este es el verdadero sentido espiritual de la expresión *"... han crucificado su naturaleza pecaminosa..."*. Cuando vives esta realidad espiritual, el Espíritu Santo te da el poder de *mantener en la cruz, lo que Cristo llevó a la cruz*.

> QUIENES PRACTICAN LAS OBRAS DE LA NATURALEZA PECAMINOSA NO HEREDARÁN EL REINO DE DIOS. SIN EMBARGO, LOS QUE SON DE CRISTO HAN CRUCIFICADO LA NATURALEZA PECAMINOSA CON SUS PASIONES Y DESEOS.

¡A trabajar!

TRABAJO 7

8. Romanos 8:12 menciona una naturaleza conforme a la cual los creyentes no deben vivir, ¿cuál es?

9. Según Romanos 8:13, ¿qué deben hacer los creyentes y por medio de quién?

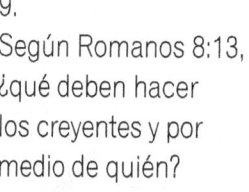

Si fuiste rescatado para vencer, es ilógico que vivas vencido por el dominio de la naturaleza pecaminosa, que da rienda suelta a los malos hábitos del cuerpo. En esta lucha espiritual, es vital que tengas en mente que necesitas depender por completo del poder de Dios. Aunque la acción de dar muerte a los malos hábitos del cuerpo la ejerces tú, eso no significa que puedes hacerlo por tus propias fuerzas. La fuente de la vida de todo creyente es el Espíritu Santo. Así que cuando vives dependiendo del Espíritu, cuentas con su poder para dar muerte a cualquier manifestación de la naturaleza pecaminosa que pretenda surgir en ti.

¡Fuiste rescatado para vencer! Es probable que, al analizar la enseñanza, sientas que tu vivencia ha sido más de derrota que de victoria, luchando contra el pecado sin muchos resultados. Si bien pudo haber sido así, ninguna experiencia personal negativa puede anular la realidad de lo que Cristo ha hecho por ti. De manera que no es el momento de frustrarte por lo que no has alcanzado hasta aquí. Más bien, es la oportunidad de aplicar a tu vida por la fe la crucifixión de Cristo, y que comiences a experimentar la victoria sobrenatural que produce el Espíritu Santo.

No dejas de pecar por cumplir una ley externa que te muestra lo que está mal, sino por la vida del Espíritu que actúa en ti como una ley interna que te gobierna y te da el poder para no pecar (ver Romanos 8:1-2). Es así como cumples verdaderamente la ley de Dios, porque lo haces desde tu interior por la fuerza del Espíritu Santo, y no regido por una ley externa que estás obligado a obedecer.

> Los creyentes no deben vivir conforme a la naturaleza pecaminosa, sino hacer morir los malos hábitos del cuerpo por medio del Espíritu Santo.

FRUTO CON MUCHAS VIRTUDES

El Espíritu Santo desea manifestarse en la vida de cada cristiano.

Lee detenidamente el siguiente pasaje bíblico y responde:

> ²² Mas el fruto del Espíritu es amor, gozo, paz, paciencia, benignidad, bondad, fidelidad, ²³ mansedumbre, dominio propio; contra tales cosas no hay ley.
> Gálatas 5:22-23, LBLA

¡A trabajar!

a. **El Espíritu Santo**

b. **El ser humano**

10. ¿Quién produce el fruto del cual Pablo escribió?

TRABAJO 7

Únicamente el Espíritu Santo puede producir el fruto al que Pablo se refirió. En muchos aspectos de la vida cristiana, los creyentes pretenden hacer cosas con el fin de agradar al Señor y demostrar que ellos pueden cumplir con sus demandas. Sin embargo, no es así, y la frase *"... el fruto del Espíritu es..."* demuestra que sin la acción del Espíritu Santo no se podrían producir resultados en la vida de los hijos de Dios. Ahora bien, en principio es apropiado que consideres algunos asuntos aclaratorios y complementarios de importancia.

Existen, al menos, dos criterios relacionados con la utilización de la palabra *fruto*. Algunos comentaristas del texto bíblico sostienen que es correcto interpretar la palabra en singular, mientras que otros se inclinan por interpretarla en plural, como *frutos*. Sin embargo, esta diferencia no es significativa para comprender el objetivo de la enseñanza. Siempre debes recordar que solamente el Espíritu Santo produce todo lo mencionado en el pasaje bíblico; así que cuando vives conforme al Espíritu, experimentas su fruto.

El Espíritu Santo, según su naturaleza sobrenatural, manifiesta una variedad de características en los creyentes, que Pablo resume con una palabra: *fruto*. Por tal razón, en esta enseñanza se hace referencia a un fruto con muchas virtudes.

El Espíritu Santo no se muestra a sí mismo, ni pretende recibir el reconocimiento de su acción; así lo afirmó el Señor Jesús al decir: *"Él mostrará mi gloria, porque recibirá de lo que es mío y se lo dará a conocer a ustedes"* (Juan 16:14, DHH). Quiere decir que el Espíritu Santo no muestra nada propio, sino que les concede a los creyentes todo lo que pertenece a Jesucristo. Siendo así, es evidente que *el fruto del Espíritu* también proviene de Cristo, y es una manifestación de su carácter en la vida de los creyentes.

También habrás notado que el apóstol Pablo menciona nueve virtudes que son parte del fruto del Espíritu Santo. Pero sería un error pensar que ese listado representa todas las virtudes del fruto del Espíritu en los creyentes. Más bien, es una muestra de lo que ese fruto manifiesta en cada hijo de Dios por la acción y gobierno del Espíritu. Además, Pablo mencionó las virtudes del fruto del Espíritu como lo opuesto a las obras de la naturaleza pecaminosa referidas en Gálatas 5:19 al 21. Hay muchas otras menciones a lo largo del Nuevo Testamento que podrían complementar esta lista del fruto del Espíritu Santo, sencillamente porque manifiestan otras virtudes de Cristo en los creyentes (ver Romanos 6:22, Efesios 5:8-9, Filipenses 1:11; 2:3).

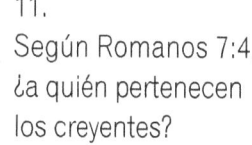

¡A trabajar!

11.
Según Romanos 7:4, ¿a quién pertenecen los creyentes?

12.
Con base en el mismo pasaje bíblico, ¿qué darán los creyentes?

La crucifixión de Jesús fue el camino diseñado por Dios para redimir al ser humano y que llegue a pertenecer a Cristo, quien resucitó de los muertos. Gracias a su resurrección, el Señor imparte el Espíritu de vida a quien se entrega a Él. De esta manera, quienes pertenecen a Cristo reciben la capacidad sobrenatural de dar fruto para Dios. Los creyentes se convierten en algo así como un terreno apto donde se cultiva el fruto del Espíritu, con el propósito de que las virtudes de Cristo se manifiesten en sus vidas.

Por último, hay que destacar la unidad de esta enseñanza con el pasaje de 2ª Pedro 1:3-11. Allí se registran algunas virtudes espirituales, y se enseña que los creyentes deben *esforzarse por añadir*. Es obvio que el apóstol Pedro no se refirió a que esas virtudes fueran el resultado del esfuerzo humano, porque ya has visto que las produce el Espíritu. Por lo tanto, el *esforzarse por añadir* se relaciona con las acciones concretas que realizan los creyentes cuando se mantienen sensibles al Señor, porque reconocen que solo Él produce en ellos tanto el querer como el hacer (ver Filipenses 2:13). De manera que el Espíritu les da a los creyentes la disposición para *querer*, y la fuerza para *hacer*. Como resultado, las *virtudes añadidas* serán una realidad que tú podrás reflejar de manera palpable.

> LOS CREYENTES PERTENECEN AL QUE RESUCITÓ DE LOS MUERTOS, JESUCRISTO, CON LA FINALIDAD DE DAR FRUTO PARA DIOS.

EL REFLEJO DE CRISTO

→ A continuación, analizarás exclusivamente las nueve virtudes mencionadas en Gálatas 5, que forman parte del fruto del Espíritu. Para cada palabra encontrarás una definición correcta y dos definiciones incorrectas.

¡A trabajar!

13. Señala la definición correcta de AMOR.

a. Sentimiento recíproco de afecto entre personas, que varía según las circunstancias

b. Acción incondicional de entrega, que no depende de la respuesta de los demás

c. Atracción sentimental irresistible; pasión o química que atrae un sexo hacia otro

14. Señala la definición correcta de GOZO.

a. Placer extremo proporcionado por la posesión de algo

b. Placer de los sentidos

c. Deleite, regocijo y alegría que provienen de una vida basada en Dios

a. Estado de tranquilidad por confiar en el Señor

b. Auto convencimiento de que todo está en calma

c. La quietud interior que surge de contemplar un bello paisaje

15. Señala la definición correcta de PAZ.

a. Soportar con desesperación

b. Soportar las pruebas con actitud pasiva

c. Tolerancia extrema asociada con la misericordia

16. Señala la definición correcta de PACIENCIA.

a. Gentileza de corazón demostrada a través de la compasión

b. Amabilidad demostrada hacia alguien por educación

c. Práctica de buenas acciones con el fin de ser aceptado y amado

17. Señala la definición correcta de BENIGNIDAD.

a. Actitud que ejercita una persona siendo siempre condescendiente

b. Cualidad moral que es demostrada haciendo el bien, corrigiendo y disciplinando

c. Mostrar agrado y simpatía en todas las relaciones

18. Señala la definición correcta de BONDAD.

19. Señala la definición correcta de FIDELIDAD.

a. Característica primordial de quien nunca corrige a un ser amado

b. Cualidad por la que una persona es fiable solo en algunos aspectos

c. Característica de una persona enteramente confiable, que siendo probada siempre resulta digna de confianza

20. Señala la definición correcta de MANSEDUMBRE.

a. Docilidad, equilibrio, fuerza bajo control

b. Ternura que tiene que ver con los sentimientos

c. Debilidad, pasividad, falta de carácter

21. Señala la definición correcta de DOMINIO PROPIO.

a. Temperamento débil

b. Dueño de sí mismo, sensatez y prudencia

c. Pasividad ante las circunstancias

Luego de haber elegido la definición que consideraste más apropiada para cada palabra, observa el siguiente cuadro con definiciones ampliadas para que tengas una mejor comprensión de cada una.

Español	Griego	Definición ampliada
Amor	Ágape	Acción incondicional de entrega. Ejercicio de la voluntad que no depende de la actitud de los demás, ni se basa en emociones o sentimientos. Está por encima de las circunstancias y se evidencia por los actos que realiza.
Gozo	Chara	Deleite, regocijo. Una alegría que no depende de las circunstancias. Dios es la base y la fuente del gozo del cristiano.
Paz	Eirene	Conciencia de reposo y contentamiento que disfruta quien confía plenamente en Cristo, sabiendo que todo está bajo su control. Relaciones armoniosas entre seres humanos que contribuyen al bienestar.
Paciencia	Makrothumia	Es longanimidad, que da la idea de paciencia en extremo. Una disposición siempre paciente para con los demás. Es aquella cualidad por la que una persona no castiga a otras, llevada por sus emociones desbordadas. Es lo opuesto de la ira y se asocia con la misericordia que el Señor tiene para con todos.
Benignidad	Chrestotes	Es amabilidad. Una disposición de corazón marcada por la gentileza, la ternura y la compasión, expresadas en acciones de ayuda hacia los demás.
Bondad	Agathosune	Es un término utilizado exclusivamente en la Biblia que no se usa en el griego popular. Significa cualidad moral dispuesta siempre a hacer el bien, que incluye la acción de reprochar, corregir y disciplinar.
Fidelidad	Pistis	La palabra griega es de significado amplio. Pero en este contexto, describe la cualidad por la que una persona demuestra ser fiel, lo cual la hace fiable y digna de confianza. La fidelidad está íntimamente ligada a la integridad.
Mansedumbre	Praotes	Es la condición mostrada por alguien equilibrado, que tiene todo su ser bajo control. Es una persona mansa, lo cual no significa que sea débil de carácter sino dócil, pero a su vez fuerte como el acero.
Dominio propio	Enkrateia	Se traduce también como templanza. Es la cualidad que se evidencia en una persona sobria, prudente, dueña de sí misma, y que actúa con sensatez.

Al leer el significado de cada una de las virtudes analizadas, seguramente pudiste confirmar que son el reflejo de Cristo. A la vez, podrías pensar que estas virtudes son tan extraordinarias que es imposible que todas ellas se manifiesten en tu vida plenamente. Pareciera ser que debieras tener paciencia para que se muestren una a una, empezando por las que son más afines a tus características personales. Basado en esta forma de pensar podrías decir: "Es que por mi manera de ser me resulta difícil manifestar tal virtud, y se me hace más fácil manifestar tal otra...". Si así fuera, las virtudes de Cristo estarían ligadas a tu forma de ser, y tu humanidad sería un justificativo para impedir que afloren sus virtudes en ti. ¡Pero nada está más lejos de la realidad! ¿Por qué? Porque el Espíritu Santo no puede ser separado de las virtudes de Cristo; cuando Él llegó a tu vida, esas virtudes también. La clave para que ellas se manifiesten a través tuyo sin restricciones, es que vivas siempre bajo el gobierno del Espíritu Santo. Si actúas como un hijo maduro que se deja conducir por el Espíritu Santo, verás *crecer*, *madurar* y *manifestarse* el fruto del Espíritu en tu vida de manera natural, en todo momento.

El fruto del Espíritu es la expresión perfecta, permanente, palpable y práctica del carácter de Cristo en ti. Las virtudes que integran ese fruto te acompañan continuamente; tienes el privilegio de experimentarlas para que el Señor sea honrado y otros puedan apreciar a Cristo en tu vida.

UN ESPÍRITU QUE SE MANIFIESTA
(Parte 1)

Como viste en el trabajo anterior, el fruto del Espíritu es, en esencia, las cualidades del carácter de Cristo, expresadas a través del creyente. Ahora observarás que el Espíritu Santo se manifiesta a través de los miembros del cuerpo de Cristo con un propósito particular.

Este trabajo contiene varios temas, explicaciones y aclaraciones que son cruciales para comprender adecuadamente la enseñanza. Como un buen discípulo de Cristo que no solo lee la Palabra, sino que profundiza en ella, verás que se abordan temas desde una perspectiva que posiblemente no hayas contemplado antes. Así que debes prepararte para meterte en la profundidad de las aguas del Espíritu.

CON LA PALABRA AGREGADA

→ Para comenzar a trabajar en este tema, lee 1ª Corintios 12:1-3 y responde.

TEMA 3:
EL ESPÍRITU SANTO EN LA IGLESIA

¡A trabajar!

1. ¿Qué asunto debía ser bien entendido por los creyentes de Corinto?

2. ¿Qué sucedía con los corintios en el tiempo en que no pertenecían a Cristo?

3. Completa los espacios en blanco del versículo 3.

Por eso les advierto que nadie que esté hablando por el Espíritu de Dios _____ _____ ___ _____; ni nadie puede decir: _____ ___ ___ _____ sino por el Espíritu Santo.

En principio es necesario aclarar que la palabra *dones* del versículo 1, que aparece en la mayoría de las versiones bíblicas en español, es un agregado y no la traducción de alguna palabra griega. La palabra que sí es parte del texto bíblico original es *espirituales* (griego 'pneumatikós'). En realidad, la primera parte del versículo debiera escribirse así: *"En cuanto a los espirituales, hermanos..."*. Esta frase, expresada así, es difícil de entender adecuadamente, porque no permite identificar a quién o a qué se debe aplicar la palabra espirituales, o peor aún, puede dar lugar a interpretaciones erróneas. Hace varios siglos, se intentó solucionar este inconveniente con la intención de brindar un mejor entendimiento de la frase antes mencionada.

Por esa razón, se empezó a traducir la palabra 'pneumatikós' como *"cosas espirituales"*. Al pasar el tiempo, en las versiones bíblicas posteriores, se cambió esta frase por *"dones espirituales"*, pero escribiendo la palabra *dones* entre corchetes o en cursivas, para dar a entender que se usaba como un agregado a modo de prueba. Lamentablemente, esta distinción se dejó de hacer en las siguientes revisiones y versiones de la Biblia, provocando que la palabra *dones* se adoptara como si fuera parte del texto original. Es indudable que los traductores tuvieron buena intención con el agregado de la palabra dones. Pero al mismo tiempo, hay que reconocer que ese agregado dio lugar a una interpretación limitada y específica de toda la enseñanza. Sin ninguna duda, unir *"dones"* a *espirituales*, es como afirmar que el único propósito del apóstol fue enseñar exclusivamente acerca de los dones.

Como información adicional, cabe aclarar que hay otros versículos en donde las palabras *don* o *dones* se han agregado en las diferentes versiones bíblicas en español, pero que no son parte del texto griego original. Algunos ejemplos son: 1ª Corintios 13:8; 14:1, 12, 32, y Hebreos 2:4.

Puede parecer extraña la mención del apóstol Pablo acerca de las experiencias vividas por los creyentes corintios cuando eran paganos (1ª Corintios 12:2-3). La intención del apóstol era mostrarles un contraste que les daría una base para comprender adecuadamente la enseñanza. El análisis de este contraste pudiera ser extenso si se hiciera referencia al contexto histórico, por eso, solo se expondrá un aspecto relacionado con la perspectiva espiritual. El apóstol les recordó a los corintios que mientras eran paganos y practicaban la idolatría, se dejaban arrastrar hacia los ídolos para invocarlos. Como es evidente, esos ídolos no podían hablar. Por el contrario, a partir de su entrega a Cristo experimentaron que el verdadero Dios habla y que, además, hablaba y se manifestaba a través de ellos por el Espíritu Santo.

Por esa razón, les advirtió que si alguien habla por el Espíritu de Dios jamás puede maldecir a Jesús. El Espíritu Santo, acorde a su naturaleza, siempre se manifestará guiando a los creyentes a declarar que Jesús es el Señor. De este modo, Pablo les enseñó a los corintios que existía un abismo entre cualquier experiencia de ellos en el paganismo y todo lo que procede del Espíritu Santo.

SIN LA PALABRA AGREGADA

Ahora es necesario regresar al análisis del tema central que Pablo expuso. Al leer el versículo 1 sin el agregado de la palabra dones, ¿se puede descubrir cuál fue el tema que Pablo enseñó? Aunque parezca un dilema difícil de resolver, el contexto de 1ª Corintios 12 lo resuelve y da la respuesta adecuada. Lee los versículos 4 al 7 de este capítulo, y luego responde las preguntas.

¡A trabajar!

4. El apóstol mencionó que hay diversidad en tres asuntos concretos, ¿cuáles son? (vs. 4-6).

5. Pablo también escribió tres frases en las que utilizó la palabra *mismo*, ¿cuáles son?

6. De acuerdo con el versículo 7, ¿qué se le da a cada uno de los miembros de la iglesia para el bien de los demás?

A través de los versículos que leíste, empezarás a comprender a qué se estaba refiriendo Pablo con la palabra *espirituales* del versículo 1. En las respuestas que acabas de dar, observaste que Pablo mencionó los diversos *dones*, junto con las diversas *maneras de servir* y las diversas *funciones*. Si se afirmara que Pablo usó el término *espirituales* para referirse exclusivamente a los dones, entonces las maneras de servir y las funciones quedarían excluidas de los *espirituales*, pero eso no sería coherente con la enseñanza. Es evidente que estos tres asuntos concretos forman parte de los *espirituales* a los que Pablo se refirió.

Al escribir sobre la diversidad de los dones, las maneras de servir y las funciones, el apóstol se ocupó de remarcar que estos *espirituales* tienen como origen al único y verdadero Dios, a quien se refirió como un *mismo Espíritu*, un *mismo Señor* y un *mismo Dios*. Esta expresión del apóstol es muy importante, en primer lugar, porque demuestra que la atención de los miembros del cuerpo de Cristo no debe estar en la diversidad, sino en el único Dios de quien ellos reciben todo. En segundo lugar, la expresión enfatiza que el Dios a quien sirven los creyentes puede identificarse, al menos, con tres términos: *Espíritu, Señor y Dios*, pero que es un único Dios. Esta realidad desmorona el error de separar mentalmente que algunos *espirituales* se reciben del Espíritu, otros del

Señor Jesucristo y otros de Dios el Padre, ya que no existe fundamento bíblico para hacer esas deducciones. En definitiva, Pablo instó a los creyentes a ser diligentes en servir al Señor, anhelando con fervor ser instrumentos para la edificación de la iglesia.

La idea de los *espirituales* se ve reforzada en el versículo 7, en donde se resume que cada uno de los asuntos mencionados en los versículos 4 al 6, es *una manifestación especial del Espíritu*. Una traducción literal del original griego expresa esta frase así: *"Pero a cada uno es dada la manifestación del Espíritu..."*[1] (énfasis añadido). El uso del artículo *la* en vez de *una*, aporta un elemento crucial para una mayor comprensión. La frase *"una manifestación del Espíritu"*, puede dar lugar a interpretar que el Espíritu le da al creyente una manifestación particular de manera permanente, como si a partir de ese momento le perteneciera. Según esta idea, ese creyente tiene la facultad de utilizar esa manifestación cuando quiera y como quiera. En cambio, la frase *"la manifestación del Espíritu"*, ayuda a comprender el sentido correcto de la enseñanza. La realidad es que el Espíritu Santo expresa alguna de sus manifestaciones a través de un creyente, en un momento específico, para el bien de la iglesia. Los creyentes son solo los instrumentos del Espíritu, quien les da las manifestaciones para que las expresen cuando y como Él quiere. Por lo tanto, como los creyentes pueden transmitir cualquiera de las manifestaciones que el Espíritu decida darles, todas ellas son transitorias, y ninguna de ellas se convierte en algo permanente y de su propiedad.

Cabe aclarar que en la NVI se usó la frase *maneras de servir* para traducir la palabra griega 'diakonia', que en otras versiones bíblicas se tradujo como *ministerios*.

El término griego original se refiere a toda clase de servicios que los creyentes realizan para el Señor, por lo que la frase utilizada en la NVI es adecuada para mostrar la amplitud de su significado.

> HAY DIVERSIDAD DE DONES, MANERAS DE SERVIR Y FUNCIONES, PERO UN MISMO ESPÍRITU, UN MISMO SEÑOR Y UN MISMO DIOS. A CADA CREYENTE SE LE DA UNA MANIFESTACIÓN ESPECIAL DEL ESPÍRITU PARA EL BIEN DE LOS DEMÁS.

ACERCA DE LOS DONES

El objetivo principal de Pablo era que los creyentes corintios fueran entendidos en todo aquello que él denominó como *espirituales*. Al observar que recién en el versículo 4 se menciona la palabra *dones*, pero junto con las *maneras de servir* y las *funciones* (vs. 5 y 6), es indispensable comprender el sentido de la palabra dones dentro de este contexto bíblico.

En principio, debes saber que en el Nuevo Testamento se usa la palabra *don* para traducir diferentes palabras griegas. Sin embargo, ahora es necesario ocuparse de la palabra *don* que aparece en 1ª Corintios 12:4. Allí la palabra griega es 'carisma', que significa *don que involucra gracia de parte de Dios como el dador*. La palabra 'carisma' también es usada en el Nuevo Testamento para referirse a otros dones de la gracia de Dios, como en Romanos 6:23, que se refiere al regalo de gracia divina de la vida eterna, y que en la NVI se traduce como *dádiva*. Otro ejemplo de 'carisma' se puede encontrar en 2ª Corintios 1:11, que se refiere a un don que Pablo y Timoteo habían recibido del Señor en momentos de aflicción como respuesta a las oraciones de los creyentes corintios. Como puedes notar, la palabra 'carisma' describe diferentes demostraciones de la gracia de Dios.

Un error común que se ha generalizado en la cristiandad es deducir o interpretar que todas las manifestaciones del Espíritu mencionadas en los versículos 8 al 10 de 1ª Corintios 12, son dones. Por esta razón, al hablar de dones, los creyentes se refieren casi exclusivamente a ese listado de manifestaciones del Espíritu. Pero por todo lo expresado anteriormente, no es correcto sostener una idea que no refleja con exactitud lo que Pablo enseñó. Además, debes recordar que el pensamiento tradicional se basa en la palabra dones que aparece en el versículo 1. Pero ya se aclaró que esa palabra fue agregada por la mayoría de los traductores y no forma parte de los manuscritos originales.

Por todo lo explicado, es indebido aplicar la palabra dones a todas las manifestaciones del Espíritu mencionadas en el pasaje bíblico, cuando Pablo solo la usó de manera específica. Sumado a lo anterior, hay otra observación de importancia dentro del mismo pasaje analizado, que verás seguidamente.

¡A trabajar!

7.
Lee 1ª Corintios 12:9, 28 y 30, y responde en cuál de esos versículos aparece la palabra dones.

8.
En los tres versículos se repite una misma frase que está unida a la palabra dones, ¿cuál es?

La palabra dones aparece no solo en el versículo 4 de 1ª Corintios 12, como lo has visto anteriormente. También se encuentra en los versículos 9, 28 y 30, pero en estos casos para referirse exclusivamente a los *dones para sanar enfermos*. Esta es otra demostración de que el apóstol Pablo decidió usar la palabra 'carisma' para referirse exclusivamente a los dones de sanidades, pero no la usó para referirse a las otras manifestaciones del Espíritu mencionadas en el capítulo.

Otro pasaje bíblico en donde aparece la palabra 'carisma', es Romanos 12:6-8. Allí, se mencionan varios 'carismas', y entre ellos, también la profecía, lo cual demuestra que Pablo la definió como un don. Siendo así, aunque en 1ª Corintios 12 no se indique que la profecía es un don, el pasaje de Romanos confirma que sí lo es.

La última mención de la palabra 'carisma' en 1ª Corintios 12, se encuentra en el versículo 31. Allí aparece la frase *mejores dones*, junto con la instrucción de Pablo de ambicionarlos. Pero ¿cómo se pueden ambicionar los mejores dones si el apóstol no especificó cuáles eran? Aquí existen varios aspectos a considerar. El primero de ellos es que el apóstol Pablo escribió una carta, y la separación de capítulos como hoy se conoce, puede dificultar la comprensión de la enseñanza en todo su contexto. Los capítulos 12, 13 y 14 de 1ª Corintios desarrollan temas afines, destacando diferentes enfoques. Por lo tanto, es necesario considerar su unidad para comprender adecuadamente las palabras de Pablo.

El enfoque del capítulo 12 es el desarrollo de la iglesia, como cuerpo de Cristo, según la función de cada miembro. Si Dios coloca cada miembro del cuerpo como Él quiere, también le asigna una función. Entonces, según esa función, cada miembro recibe algo de Dios para desempeñarse. En este contexto, Pablo mencionó los dones ministeriales de apóstoles, profetas y maestros, respetando un orden específico, y luego hizo referencia solo a ciertas manifestaciones espirituales. Las preguntas reflexivas que se encuentran en los versículos 29 y 30 del capítulo 12, demuestran que todos los miembros no desarrollan las mismas funciones. Sin embargo, luego agrega que se pueden ambicionar los mejores dones. En el capítulo 13, Pablo muestra el amor como el camino más excelente para que cada miembro desempeñe su función. Y en el capítulo 14, hay un enfoque más específico a la profecía y el hablar en lenguas, destacando en el versículo 1 que los creyentes ambicionen, sobre todo, profetizar.

Ahora bien, si en el capítulo 12 no existe una lista de los mejores dones, es porque el apóstol Pablo no tuvo la intención de especificarlos. Por lo tanto, con base en la enseñanza, no se puede determinar cuáles son los dones mejores. Aquello que se puede establecer de acuerdo con la Palabra es que hay un propósito en el ejercicio de los dones, así como de cualquier manifestación espiritual o don ministerial. Ese propósito es *la edificación del cuerpo de Cristo*.

Cabe hacer una aclaración relacionada con la palabra *mejores*, o *mayores* como también se puede traducir. Pablo la utilizó para mostrarle a los corintios que debían ambicionar aquellos dones que edifican a la Iglesia en mayor medida.

PARA EDIFICAR

Algunos versículos que analizarás a continuación confirman el propósito de las manifestaciones del Espíritu en el cuerpo de Cristo.

¡A trabajar!

9. De acuerdo con 1ª Corintios 12:7, ¿con qué objetivo se le da a cada miembro del cuerpo alguna manifestación especial del Espíritu?

10. Según lo expresado en 1ª Corintios 14:5, 12 y 26, ¿qué objetivo deben buscar los creyentes a través de las diferentes manifestaciones del Espíritu?

Acabas de leer versículos que expresan con exactitud que el objetivo de los creyentes en el uso de las manifestaciones del Espíritu debe ser *la edificación de la iglesia*. Es innegable que toda expresión del Espíritu Santo en una ocasión o situación determinada es trascendente, indispensable e irreemplazable.

En coherencia con todo su escrito, cuando Pablo enseñó sobre las manifestaciones del Espíritu, no hizo un listado donde clasificó por separado todas aquellas que pertenecen a los *dones*, todas las que pertenecen a las *maneras de servir*, y todas las que pertenecen a las *funciones*. Esto certifica que la intención del apóstol no fue hacer una exégesis teológica vacía de propósito, sino plasmar de manera práctica la intención divina en todo aquello en que el Espíritu se manifiesta. Como conclusión, se puede afirmar que el objetivo de Pablo fue doble. Por un lado, prevenir a los corintios de cualquier actitud egoísta e inmadura de ambicionar las manifestaciones espirituales para su lucimiento o gratificación personal. Por el otro, sembrar en ellos una motivación pura que los condujera a ambicionar las manifestaciones espirituales con el propósito de que la iglesia sea edificada.

> A CADA CREYENTE SE LE DA LA MANIFESTACIÓN DEL ESPÍRITU PARA EL BIEN DE LOS DEMÁS; ASÍ QUE SU OBJETIVO DEBE SER SIEMPRE LA EDIFICACIÓN DE LA IGLESIA.

Luego de lo que leíste, es importante que hagas una reflexión. ¿En qué te edificaría saber exactamente a qué grupo pertenece cada manifestación del Espíritu? La respuesta obvia es, en nada. Esta reflexión sirve para comprender que el propósito del Espíritu Santo no fue guiar a Pablo a dar explicaciones exhaustivas de cada una de las manifestaciones del Espíritu, sino dejar establecido que todas ellas son dadas para la edificación de la Iglesia.

EL TEMA BIEN ENTENDIDO

→ Para responder la próxima pregunta, lee en tu Biblia 1ª Corintios 12:1; 14:1 y 12.

¡A trabajar!

11. Según lo expresado en los textos bíblicos de manera literal, ¿cuál sería el tema principal en estos versículos?

Ahora, lee algunas frases de esos mismos versículos, transcritas del Nuevo Testamento Interlineal Griego-Español del Dr. Francisco Lacueva.

"Y acerca de los asuntos espirituales..."

"... pero anhelad las cosas espirituales..."

"... Ya que anhelosos sois de cosas espirituales..."

¡A trabajar!

12. Según las frases transcritas, ¿cuál es el tema principal?

Acabas de comprobar que la manera en que se expresa una enseñanza determina el entendimiento que se tiene de ella. Mientras que en tu Biblia los versículos que leíste parecen tener como tema principal los *dones espirituales*, las frases transcritas de los mismos versículos muestran que el tema está relacionado con los *asuntos* o las *cosas espirituales*.

Como se aclaró al inicio de este trabajo, en estos versículos los traductores se vieron obligados a usar frases para dar a entender más acertadamente aquello que en griego se expresó con una sola palabra. El mayor inconveniente surgió por el uso de la palabra *dones* en la mayoría de las versiones bíblicas. Al leer la frase *dones espirituales*, la generalidad de la cristiandad asume que el apóstol Pablo enseñó específicamente acerca de los dones. Sin embargo, la palabra griega que Pablo utilizó en los versículos sobre los que acabas de responder, está referida a *todo lo que proviene del Espíritu* y no únicamente a los dones. Por supuesto que el apóstol mencionó los dones en casos específicos, pero en estos capítulos de 1ª Corintios la enseñanza es más amplia. Al tomar en cuenta el contexto del capítulo 12, se puede comprobar que los *espirituales*, a los que Pablo se refirió, son todas las manifestaciones especiales del Espíritu que abarcan los *dones*, las *maneras de servir* y las *funciones*.

Por último, es indispensable aclarar que los autores de este libro no tienen la intención de usar la palabra manifestaciones para reemplazar el término dones que ha sido utilizado por la mayoría de los traductores bíblicos. Es más, cuando decidas leer diferentes versiones bíblicas de los pasajes que utilizan las palabras *don* o *dones*, te encontrarás que hay variantes entre ellas. Esto no debe producirte ningún conflicto, ya que has comprobado que fue un recurso utilizado por los traductores para hacer más entendible el texto bíblico. Debes tener presente que el objetivo de la enseñanza en este trabajo es demostrar que el apóstol Pablo usó la palabra *manifestaciones* de forma general y amplia, para incluir los dones, las maneras de servir y las funciones que el Espíritu da a los creyentes (ver 1ª Corintios 12:7). Por esta razón, la expresión más adecuada para referirse al tema expuesto y que se utilizará para desarrollarlo es *manifestaciones del Espíritu*.

UN ESPÍRITU QUE SE MANIFIESTA
(Parte 2)

En el trabajo anterior se explicaron varios conceptos fundamentales sobre el tema en el que estás meditando. A medida que avances en este trabajo, tendrás un entendimiento más profundo y práctico sobre las manifestaciones del Espíritu Santo que se registran en 1ª Corintios 12.

¡A trabajar!

a. _____
b. _____
c. _____
d. _____
e. _____
f. _____
g. _____
h. _____
i. _____

1.
Lee los versículos 7 al 10 de ese capítulo, y haz una lista de las manifestaciones del Espíritu que se mencionan allí.

TRABAJO 9

TEMA 3: EL ESPÍRITU SANTO EN LA IGLESIA

→ Lee 1ª Corintios 12:11 y responde.

¡A trabajar!

2. ¿Quién hace todas estas cosas?

3. La manera en que el Espíritu Santo reparte, ¿es general o individual?

4. Cuando el Espíritu Santo le reparte a cada uno, ¿con qué criterio lo hace?

5. ¿Qué significa para ti la frase *"… según él lo determina"*?

Como habrás observado, el Espíritu Santo es quien da alguna de sus manifestaciones especiales a los miembros del cuerpo de Cristo. Además, el mismo Espíritu es quien determina cómo repartirlas. Esta idea está en consonancia con lo explicado en el trabajo 8 acerca de la frase *"la manifestación del Espíritu"* que da a entender que los creyentes son solo instrumentos del Espíritu. Debes recordar que cuando el Espíritu da, reparte o distribuye alguna de sus manifestaciones, no lo hace para que los creyentes se muestren a sí mismos ni para que se consideren dueños de lo que reciben del Espíritu. El objetivo primordial es que el Espíritu, como Señor de la Iglesia, se manifieste en ella. Como la finalidad de estas manifestaciones es la edificación del cuerpo, cada creyente se transforma en un instrumento del Espíritu para que se cumpla ese propósito.

A continuación, se presentarán algunas características generales de cada una de estas manifestaciones. A través de esas características se procurará describir las manifestaciones del Espíritu de la manera más adecuada. Si bien cada descripción te dará un entendimiento apropiado, no es una definición teológica. Las manifestaciones del Espíritu no están dadas para estudiarse, sino para que los creyentes las experimenten y la Iglesia sea edificada. Sería imprudente afirmar que cada manifestación del Espíritu tiene características exclusivas, que no pueden estar presentes en alguna otra. Tampoco se puede afirmar que se expondrán todas las características que pertenecen a cada manifestación. Ten en cuenta que los asuntos espirituales de origen divino requieren de una comprensión espiritual que no proviene de la razón. El objetivo de esta comprensión es que los creyentes experimenten todo lo que el Señor hace por medio de su Espíritu. Así que cualquier intento de explicar y definir con precisión las manifestaciones del Espíritu, siempre será insuficiente y hasta innecesario. Desde esta perspectiva se ha escrito todo lo relacionado a cada una de las manifestaciones, con el anhelo de que crezca tu comprensión espiritual.

PALABRA DE SABIDURÍA

Esta manifestación tiene relación con una revelación sobrenatural del Espíritu Santo sobre algo particular, que procede de su conocimiento infinito. Por medio de la palabra de sabiduría el Señor da la respuesta concreta, la solución precisa, el entendimiento puntual o la dirección específica para un asunto particular, como expresión de la voluntad divina en una situación.

La sabiduría es Cristo, porque Él es para su Iglesia *"... a quien Dios ha hecho nuestra sabiduría"* (1ª Corintios 1:30b). Los creyentes en Cristo disponen de esta sabiduría para poder tratar todos los asuntos de la vida diaria. Incluso, el apóstol Santiago escribió que: *"Si a alguno de ustedes le falta sabiduría, pídasela a Dios..."* (Santiago 1:5a). Con estas palabras, instruyó a los creyentes a pedir a Dios que la sabiduría de Cristo que está en ellos se revelara a sus vidas de manera especial en momentos en los que reconocieran no saber cómo actuar. Lo expresado hasta aquí sirve de base para comprender que es necesario diferenciar entre la sabiduría como tal, y una palabra de sabiduría. Todos los creyentes tienen y comparten una misma sabiduría porque Cristo habita en ellos, pero no a todos se les da una *palabra de sabiduría*, ya que esta es una manifestación sobrenatural dada por el Espíritu a un creyente en un momento específico. A través de esta manifestación, el Espíritu Santo revela una porción especial de la sabiduría extraordinaria de Cristo, para saber cómo actuar en situaciones específicas de acuerdo con esa palabra recibida.

Palabra de conocimiento

Por esta manifestación, el Espíritu Santo revela algo específico y desconocido sea del pasado, del presente o del futuro de manera sobrenatural, y que sería imposible conocer de otro modo.

Cabe destacar que la palabra de conocimiento (que en algunas versiones bíblicas es llamada *palabra de ciencia*), no tiene ninguna relación con el conocimiento natural y previo que un creyente tenga sobre una situación particular, ni tampoco depende de la razón o de la inteligencia humana.

Discernir espíritus

Es la manifestación del Espíritu Santo por medio de la cual un creyente percibe claramente dentro del ámbito espiritual, y puede determinar el origen de algo que ocurre en ese ámbito. Existen tres grandes áreas a nivel espiritual: divina (donde opera el Espíritu de Dios), humana (donde opera el espíritu del hombre), satánica (donde operan Satanás y sus demonios). Quiere decir que por medio de esta manifestación se puede distinguir, percibir o discernir la presencia de los demonios o espíritus inmundos, de los seres angelicales, como también las motivaciones del espíritu humano, sean correctas o equivocadas. Por la acción de esta manifestación, un creyente puede tener revelación de la clase de espíritu que impulsa a una persona, y de la motivación de sus acciones.

Al ser una manifestación sobrenatural del Espíritu, no debe confundirse con la facultad de creyentes maduros que han ejercitado su percepción espiritual para distinguir entre lo bueno y lo malo (ver Hebreos 5:14). En muchas oportunidades esta manifestación sirve como una señal de advertencia, porque permite discernir que algo está mal, aunque no se sepa exactamente qué es. A través del discernimiento de espíritus, un creyente muchas veces discernirá que las personas tienen motivaciones inapropiadas, lo cual puede producir dolor y tristeza, e inclusive un sentimiento de rechazo hacia esas personas. Pero es muy importante entender que el Señor da ese discernimiento con el propósito de interceder por ellas.

¡A trabajar!

6. Lee los pasajes bíblicos y observa en cada uno de ellos una manifestación del Espíritu en operación. Une con flechas el nombre de la manifestación con la cita bíblica correspondiente.

a. Hechos 5:1-4   PALABRA DE SABIDURÍA

b. Hechos 9:10-12   DISCERNIMIENTO DE ESPÍRITUS

c. Hechos 9:13-17   PALABRA DE CONOCIMIENTO

En el pasaje de Hechos 5 se muestra el *discernimiento de espíritus* en acción. Pedro distinguió el espíritu que motivó a Ananías y Safira a quedarse con parte del dinero de la propiedad vendida y mentirle al Espíritu Santo. En este caso, por la gravedad del pecado, el Señor dio muerte a Ananías y Safira (ver Hechos 5:5 y 10).

El relato de Hechos 9 que acabas de leer es un muy buen ejemplo de cómo el Espíritu Santo se manifiesta a través de un creyente. Por una *palabra de conocimiento*, un discípulo llamado Ananías, pudo saber exactamente en qué lugar estaba hospedado Saulo y en qué circunstancias se encontraba (vs. 10 a 12). Inmediatamente después, por una *palabra de sabiduría*, el Señor le reveló a Ananías cuál era el propósito que tenía con Saulo, y por qué lo enviaba a imponer las manos sobre él (vs. 13 a 17).

Fe

Los hijos de Dios experimentan dos realidades básicas relacionadas con la fe: tienen *fe en Cristo* y, también, *la fe de Cristo* habita en ellos. Ahora bien, la manifestación de fe que da el Espíritu no está relacionada con la fe que un creyente tiene en Cristo, sino con la fe de Cristo en el creyente. Por medio del Espíritu Santo, el creyente manifiesta una porción especial de la fe de Cristo de manera sobrenatural. Por esta provisión particular del Espíritu, el creyente experimenta una convicción de fe extraordinaria ante una situación específica, que lo impulsa a hablar y a actuar sabiendo que algo sorprendente es hecho por el Señor. De este modo, a través de esta manifestación, el creyente es capacitado sobrenaturalmente por el Espíritu para creer que Dios hace lo imposible. Esta manifestación del Espíritu se distingue de la fe que comparten todos los hijos de Dios, porque cuando opera, hay una expresión evidente de lo sobrenatural.

Dones para sanar enfermos

Es la capacidad sobrenatural impartida por el Espíritu de liberar a las personas de cualquier clase de enfermedad. Estas sanidades se producen de manera extraordinaria, por intervención directa del Señor a través de los creyentes en quienes el Espíritu manifiesta estos dones de sanidades, y sin ninguna participación de médicos o de medicinas.

Cabe destacar que para esta manifestación particular del Espíritu (que en algunas versiones bíblicas se la denomina *don de sanidad* o *dones de sanidades*), el apóstol Pablo utilizó un término griego que se debe traducir en plural como *dones*. De esta manera enseñó que no se trata de un solo don, sino de muchos, porque el objetivo de estos es sanar todo tipo de enfermedad. Cada don de sanidad se aplica a una enfermedad particular a fin de erradicarla.

Poderes milagrosos

Es una manifestación del Espíritu en un creyente para que sirva de instrumento a través del cual Dios manifiesta su poder, a fin de que ocurra algo extraordinario que no podría ocurrir de manera natural o lógica. Estos poderes milagrosos o *efectos de poderes*, como expresa la traducción literal del griego, pueden manifestarse a través de un creyente, porque el Señor permite que una porción de su omnipotencia sea expresada a través de esa persona. Es importante afirmar que Dios es soberano y puede realizar milagros sin la necesidad de la intervención humana. Sin embargo, a través de esta manifestación, el Espíritu utiliza al creyente a fin de que el milagro se produzca.

a.	Hechos 20:9-12	**PODERES MILAGROSOS**
b.	Hechos 3:1-8	**DONES PARA SANAR ENFERMOS**
c.	Hechos 28:7-9	**FE**

¡A trabajar!

7. Lee los pasajes bíblicos y observa en cada uno de ellos una de las manifestaciones del Espíritu que acabas de ver. Une con flechas el nombre de cada una con la cita bíblica correspondiente.

Es probable que hayas dudado al tratar de distinguir la manifestación del Espíritu que se encuentra reflejada en cada relato. En Hechos 20 se relata claramente que mientras Pablo enseñaba, Eutico se cayó desde el tercer piso y murió. Hay una frase dicha por el apóstol Pablo que permite identificar la manifestación del Espíritu que operó en esa situación: *"«¡No se alarmen! —les dijo—. ¡Está vivo!»"*. Esta declaración evidencia que Pablo tuvo una seguridad sobrenatural de la resurrección de Eutico, que solo puede provenir de la manifestación del Espíritu descrita como *fe*.

En Hechos 3, se registra una declaración de Pedro hecha con autoridad divina por la cual, el paralítico de nacimiento pudo caminar al instante milagrosamente. Evidentemente, los *poderes milagrosos* que produce el Espíritu Santo, se hicieron manifiestos en esta sanidad.

Por último, el pasaje de Hechos 28 es una demostración amplia y contundente de los *dones para sanar enfermos* operando a través de Pablo. No solo el padre del funcionario principal de la isla recibió sanidad, sino que cuando la noticia corrió en toda la isla, los demás enfermos se acercaron a Pablo, y el Señor los sanó a todos.

Profecía

Es la manifestación del Espíritu Santo por la cual el creyente es capacitado para expresar un mensaje que le es revelado por el Señor de manera directa. A través de este don, el creyente *expresa las palabras de Dios*. La profecía no proviene del intelecto, el conocimiento o la voluntad del creyente. 'Profeteia' es el término griego traducido como *profecía*, y significa la proclamación de los pensamientos y el consejo de Dios.

El propósito del don de profecía es edificar, animar (exhortar, amonestar, incitar, aconsejar, advertir, alentar, despertar) y consolar (confortar) al cuerpo de Cristo (ver 1ª Corintios 14:3). La profecía, en un sentido primario, es para la edificación de la iglesia. Pero a su vez, cuando la iglesia está reunida, la profecía tiene un efecto poderoso sobre los que no creen o no entienden. Estas personas son expuestas por la Palabra que el Espíritu habla, de manera que los secretos ocultos de sus corazones se descubren. Como resultado, ellos se postran ante el Señor y reconocen que verdaderamente Dios es real, y que está presente entre los creyentes (ver 1ª Corintios 14:24-25). Mediante la profecía el creyente se transforma en un instrumento del Espíritu Santo para que el Señor le hable al ser humano.

Es importante no confundir el don de profecía con el ministerio del profeta. Mientras que el don de profecía es una manifestación del Espíritu a través de cualquier creyente, el ministerio del profeta es uno de los cinco oficios permanentes que Jesucristo otorga a quienes Él decide constituir en esa función ministerial, como se menciona en Efesios 4. Precisamente, en el capítulo 14 de 1ª Corintios se menciona a los creyentes profetizando, al decir: *"... cuando todos están profetizando..."* (v. 24a), y también a los profetas cuando expresa: *"En cuanto a los profetas, que hablen dos o tres..."* (v. 29a). Esto significa que no solamente los profetas están habilitados a profetizar, sino también cualquier creyente a quien el Espíritu Santo le dé una palabra profética. Sin embargo, cabe aclarar que el hecho de que un creyente profetice no lo convierte en profeta.

Hablar en diversas lenguas

Es la manifestación del Espíritu Santo por la cual el creyente habla en forma sobrenatural en idiomas que jamás aprendió. En el original griego de 1ª Corintios 12:10, la palabra *diversas* no se encuentra; se añadió en diferentes versiones bíblicas. El versículo dice literalmente: *"A otro, géneros de lenguas..."*. La palabra *géneros* significa *variedades, clases, tipos*; de aquí se deduce que existen diversas clases de lenguas, ya sean idiomas y lenguajes humanos o angelicales dados por el Espíritu al creyente (ver Hechos 2:4, 6, 8 y 11, 1ª Corintios 13:1).

En el trabajo 4 se mencionó que la señal de recibir el bautismo con el Espíritu es hablar en lenguas. Para avalar esta afirmación, basta con leer las palabras escritas por Pablo: *"... si toda la iglesia se reúne y* **todos hablan en lenguas***..."* (1ª Corintios 14:23a, énfasis añadido). Quiere decir que todo creyente que es lleno del Espíritu Santo recibe las lenguas como señal de esa plenitud. Estas lenguas sirven para la edificación personal, para orar, cantar, alabar y dar acciones de gracias al Señor (ver 1ª Corintios 14:4, 14-17). Ahora bien, el enfoque de Pablo al enseñar sobre las manifestaciones del Espíritu era la edificación de la iglesia. Con esto en mente, cuando se refirió al uso de las lenguas en el ámbito de la reunión de la iglesia local, expresó que debían cumplir con el objetivo de que la iglesia sea edificada. Para tal fin, un mensaje en lenguas debe ir acompañado de la interpretación, de manera que la iglesia comprenda el mensaje. Cuando esto ocurre, las lenguas unidas a la interpretación tienen el mismo poder que la profecía para edificar al cuerpo de Cristo (ver 1ª Corintios 14:5). Además, Pablo se ocupó de poner en orden el uso de las lenguas cuando la congregación se reúne. Instruyó que deben hablar en lenguas dos o tres hermanos, por turno, y siempre con la interpretación correspondiente. Si no hay quien interprete por el Espíritu, quienes hablan en lenguas deben guardar silencio en la iglesia (ver 1ª Corintios 14:27-28).

Queda una pregunta de Pablo por analizar, y es la que dice: *¿Hablan todos en lenguas?* (ver 1ª Corintios 12:30). Esta pregunta es sencilla de responder cuando se tiene en cuenta el contexto de lo explicado anteriormente. Como el énfasis de Pablo era la edificación de la iglesia, la pregunta se está refiriendo al hablar en lenguas en el entorno de la reunión de los creyentes. La pregunta nunca podría estar referida a las lenguas como la señal, porque ya ha quedado demostrado que todo hijo de Dios bautizado con el Espíritu Santo habla en lenguas. De manera que la respuesta implícita a la pregunta de Pablo es que no todos los creyentes hablan en lenguas cuando están reunidos ofreciendo culto al Señor.

El apóstol Pablo enseñó algo particular relacionado con el hablar en lenguas que servirá para hacer una importante aclaración sobre este tema. Él afirmó: *"... que el hablar en lenguas es una **señal**, no para los creyentes sino para los incrédulos..."*

(1ª Corintios 14:22a, énfasis añadido). Estas palabras, tomadas de Isaías 28:11-12, hacen referencia a la sentencia del Señor de hablarle a su pueblo Israel en un idioma que no entenderían, por causa de su incredulidad. Esto se cumplió cuando Dios decidió usar a Asiria para castigar a Israel (ver Isaías 10:5-8). Ante este hecho, el pueblo de Dios no discernió que el idioma extraño en boca de una nación extranjera era el cumplimiento de la profecía dicha por Isaías. Lamentablemente, Israel provocó que la profecía se hiciera realidad, por mantenerse en su incredulidad como consecuencia de no haber querido escuchar ni obedecer a Dios. En síntesis, las lenguas extrañas fueron la *señal* que el Señor utilizó para exponer y reprender la dureza e incredulidad de su pueblo.

En consonancia con lo expresado hasta aquí, cuando Pablo mencionó las lenguas que se hablaban en la iglesia en Corinto, se refirió a ellas como la señal para los incrédulos. Al usar la expresión incrédulos, se pudiera deducir que Pablo se estaba refiriendo exclusivamente a personas sin Cristo. Sin embargo, y aunque parezca extraño, en la congregación local había otros incrédulos, razón por la cual existía una lucha partidista dentro de la iglesia. Estas personas se consideraban cristianas, pero sustentaban diferentes corrientes ideológicas del gnosticismo y se dividían en partidos (ver 1ª Corintios 1:10-12). Aunque estaban dentro de la iglesia local eran también verdaderos incrédulos. Para ellos, que los creyentes hablaran en diversas lenguas por el Espíritu Santo, fue la señal por medio de la cual el Señor los reprendió y expuso su incredulidad, así como sucedió con Israel.

La conclusión a la que se puede arribar con lo expuesto es que para el Señor es muy grave que se menosprecie cualquiera de las manifestaciones del Espíritu. Aún hoy, el principio espiritual registrado en la Escritura de que las lenguas son una señal para los incrédulos sigue vigente. De hecho, el hablar en lenguas sigue siendo usado por el Señor para exponer la incredulidad de muchos que se consideran creyentes, pero que desvalorizan, menosprecian o critican esta manifestación del Espíritu, y consideran que no tiene ninguna utilidad en la iglesia del Señor en la actualidad.

INTERPRETACIÓN DE LENGUAS

Es la capacidad sobrenatural impartida por el Espíritu Santo al creyente, por la cual un mensaje en lenguas es interpretado al idioma comprendido por todos los que escuchan ese mensaje. No se trata de traducir palabra por palabra, sino de dar el verdadero sentido del mensaje en lenguas. No se debe confundir *interpretación* con traducción. Diferentes personas pueden interpretar el mensaje dado por el Espíritu usando palabras distintas, pero siempre le darán el mismo sentido. La cantidad de tiempo que se utilice para dar el mensaje en lenguas no necesariamente será igual al que se utilice para la interpretación.

¡A trabajar!

8. Lee con atención los pasajes bíblicos, y une con una flecha qué manifestación coincide con cada uno de ellos.

a.	1ª Corintios 14:18	PROFECÍA
b.	1ª Corintios 14:3	INTERPRETACIÓN DE LENGUAS
c.	1ª Corintios 14:27	HABLAR EN DIVERSAS LENGUAS

A través de los pasajes bíblicos que acabas de analizar, pudiste ver "en acción" la profecía, el hablar en lenguas y la interpretación de lenguas, como el último grupo de manifestaciones del Espíritu en las que estuviste meditando. Existe un principio espiritual acerca de estas manifestaciones que debes tener en mente. La fuente de todas ellas es el Espíritu Santo, quien por su decisión soberana las da en un momento particular y acorde a su sabiduría. En ocasiones se sobrestiman o subestiman algunas manifestaciones por creer que unas son más importantes que otras. Este tipo de valoraciones es subjetivo e inadecuado, porque procede de un criterio racional sobre asuntos que pertenecen al Señor. Siendo así, es importante que valores todas las manifestaciones del Espíritu por igual.

PARA TODOS

¡A trabajar!

9.
Lee Marcos 16:15-18 y escribe las frases que están relacionadas con dos manifestaciones del Espíritu que analizaste en este trabajo.

TRABAJO 9

Observaste que dos de las señales que Jesús mencionó, y acompañan a los que creen son: *hablar en nuevas lenguas* y *poner las manos sobre los enfermos para que sanen*. Ambas, tienen una estrecha relación con dos manifestaciones del Espíritu analizadas en este trabajo. Sería imposible tratar de explicar una diferencia entre unas y otras; pero lo que sí se puede notar con claridad es que las señales referidas en Marcos 16 acompañan *a todos aquellos que creen*. Cada hijo de Dios está capacitado y encomendado por Jesucristo para mostrar estas señales, certificando así que es un embajador del Reino celestial. Considera la siguiente reflexión. Cristo equipó a todos sus discípulos para que pongan las manos sobre los enfermos a fin de que sean sanados. Siendo así, ningún discípulo debe excusarse argumentando que no realiza esa tarea porque no tiene los dones del Espíritu para sanar enfermos. Como puedes ver, estas señales que siguen a los que creen, son independientes de las manifestaciones que el Espíritu reparte a los miembros del cuerpo según su voluntad. Todo verdadero creyente en Cristo que fue bautizado con el Espíritu Santo tiene la capacidad sobrenatural de expresar estas señales porque son *para todos*.

DE LA AMBICIÓN A LA EXCELENCIA

El Señor previó que cada cristiano esté equipado adecuadamente para ser efectivo como miembro del cuerpo de Cristo. Este equipamiento es singular porque capacita al creyente para cumplir con su función, permitiendo que esa función se complemente con las funciones que realizan los demás miembros. De este modo, cada uno realiza la actividad que le es propia, a fin de que el cuerpo crezca y se edifique en amor (ver Efesios 4:16).

DONES PARA COMPARTIR

¡A trabajar!

1.
Lee Romanos 12:4-6a, y responde a qué se hace referencia con el término *diferentes*.

TEMA 3: EL ESPÍRITU SANTO EN LA IGLESIA

2. ¿Qué les da Dios a todos los creyentes para que en la Iglesia haya dones diferentes? (v. 6a)

Entre las manifestaciones del Espíritu que ya se consideraron, observaste que solo a algunas de ellas Pablo las llamó dones o 'carismas', como se explicó en el trabajo 8. Ya comprobaste que en algunos pasajes bíblicos se utiliza la palabra dones como un agregado que no se encuentra en el texto original. Contrario a esto, en el pasaje de Romanos 12 se puede observar que el apóstol sí utilizó la palabra dones, porque el término 'carisma' forma parte del texto original. Como ya aprendiste, la palabra griega 'carisma' significa *don que involucra gracia de parte de Dios como el dador*. La verdad que el apóstol enfatizó es que el Señor derrama su gracia sobre cada creyente de una manera particular, no solo para darle uno o más dones sino también para que los ejercite.

> LOS CREYENTES RECIBEN DIFERENTES DONES POR LA GRACIA QUE EL SEÑOR DA A CADA UNO.

¡A trabajar!

3. A continuación, lee Romanos 12:6-8 y escribe los dones que allí se mencionan:

a. _____
b. _____
c. _____
d. _____
e. _____
f. _____
g. _____

La gracia de Dios y *la acción del Espíritu* son indispensables para todas las *manifestaciones del Espíritu* (dones, maneras de servir y funciones) mencionadas en 1ª Corintios 12, como también para los dones mencionados en Romanos 12. Dentro de este grupo de dones se menciona la profecía. Que un creyente *profetice* por inspiración directa del Espíritu en un momento particular, pareciera ser espiritualmente diferente a que un creyente *preste un servicio*. Sin embargo, Pablo no se ocupó de destacar las diferencias entre los dones. Sin importar las diferencias, lo significativo es que los creyentes dependan completamente del Espíritu Santo para ejercer cualquiera de los dones. Finalmente, todos ellos convergen en un objetivo común: que Cristo se manifieste en su cuerpo, la Iglesia.

Profetizar, prestar un servicio, enseñar, animar a otros, socorrer a los necesitados, dirigir y *mostrar compasión*, no se relacionan con las capacidades o los talentos naturales que alguien puede poner al servicio de Dios. Más bien, se denominan *dones* porque son las capacidades espirituales que el Señor da a los creyentes para que las manifiesten en beneficio de todos.

Trabajador incansable

El recorrido que hiciste a través de las enseñanzas de este libro te brindó un panorama amplio de algunos aspectos esenciales acerca del Espíritu Santo. Entre otros temas, aprendiste que el Espíritu Santo es el origen de dos realidades que los creyentes experimentan y evidencian: *el fruto del Espíritu* y *las manifestaciones del Espíritu*. Una de esas realidades está directamente relacionada al nuevo nacimiento y la otra al bautismo con el Espíritu Santo. Descúbrelo.

¡A trabajar!

4. De acuerdo con Gálatas 4:19, ¿quién debe formarse en los creyentes?

5. A medida que Cristo es formado en un creyente se comienza a manifestar el carácter de Cristo en él. A la luz de este principio espiritual, ¿qué creyente manifestará más el carácter de Cristo? Elige la respuesta correcta:

a. Aquel en quien Cristo se ha formado en mayor medida

b. Aquel en quien Cristo se ha formado en menor medida

c. Es indistinto

6. Cuando el fruto del Espíritu se manifiesta en el creyente, expresa a Cristo y su carácter. Según esta afirmación, escoge la frase que consideres correcta:

a. La manifestación del fruto del Espíritu en el creyente no está relacionada con la formación de Cristo en él

b. La manifestación del fruto del Espíritu en el creyente está relacionada con la formación de Cristo en él

El fruto del Espíritu es nada más y nada menos que la expresión del carácter de Cristo. A medida que respondiste, fuiste descubriendo que existe una relación vital entre *la formación de Cristo* en el creyente y la manifestación del *fruto del Espíritu* en su vida. La sensibilidad personal a la profunda e incansable tarea del Espíritu Santo para que Cristo sea formado es indispensable. Precisamente, que el fruto del Espíritu se exprese en una mayor medida en la vida del creyente, depende de esa formación.

¡A trabajar!

7. ¿Qué recibe una persona cuando nace de nuevo del Espíritu? Escoge la frase que consideres correcta.

a. Al Espíritu Santo en o dentro de ella

b. Al Espíritu Santo sobre ella

8. ¿Qué recibe una persona cuando es bautizada con el Espíritu Santo? Escoge la frase que consideres correcta.

a. Al Espíritu Santo en o dentro de ella

b. Al Espíritu Santo sobre ella

9. Escoge la frase correcta.

a. El creyente está capacitado para manifestar el fruto del Espíritu Santo desde que nace de nuevo

b. El creyente no puede manifestar el fruto del Espíritu Santo hasta que sea bautizado con el Espíritu

En el trabajo 4 estudiaste acerca de la obra del Espíritu Santo *en* y *sobre* ti. Comprobaste que el Espíritu

Santo *en* ti significa que recibiste el *Espíritu de vida* dentro de ti cuando naciste de nuevo. También aprendiste que cuando fuiste bautizado con el Espíritu Santo, Cristo envió su Espíritu *sobre* ti a fin de llenarte de su poder y hacerte un testigo eficaz. Ahora necesitas comprender desde qué momento está presente el fruto del Espíritu en tu vida, y desde cuándo se hacen evidentes las manifestaciones del Espíritu.

Como recordarás, *el fruto del Espíritu* manifiesta las cualidades del carácter de Cristo. Ahora bien, piensa por un momento, ¿cuándo recibiste la vida de Cristo? Cuando naciste de nuevo. Quiere decir que desde el día que fuiste hecho un hijo de Dios tienes a tu disposición el fruto del Espíritu que te da la capacidad de expresar a Cristo. En cambio, *las manifestaciones del Espíritu* se comienzan a hacer evidentes desde que recibiste el bautismo con el Espíritu Santo.

En síntesis, *el fruto del Espíritu se manifiesta en tu vida desde que naces de nuevo, mientras que las manifestaciones del Espíritu lo hacen a partir de que eres bautizado con el Espíritu Santo.*

En el desarrollo de este manual, las acciones del Espíritu Santo *en* y *sobre* los creyentes se analizaron por separado para una mejor comprensión en el estudio de la enseñanza. Sin embargo, es necesario aclarar que en ningún momento esto significa que estas experiencias debieran ocurrir por separado en alguien que se entrega a Cristo. En la Biblia hay ejemplos de personas que nacieron de nuevo y en el mismo momento recibieron el bautismo con el Espíritu Santo (ver Hechos 10:44), así como otras que nacieron de nuevo y un tiempo después recibieron el bautismo con el Espíritu (ver Hechos 8:12-17).

La meta de la ambición

¿Alguna vez observaste a un creyente siendo instrumento de una manifestación del Espíritu, pero actuando como si fuera el dueño de esa manifestación? En tu caso, ¿alguna vez sentiste que algo que el Espíritu te dio era tuyo? Estas situaciones suelen ocurrir en la Iglesia, y la Palabra es la guía perfecta para saber cómo los creyentes deben recibir y manifestar todo aquello que proviene del Espíritu.

¡A trabajar!

a. Dios, y las hace en todos los creyentes

b. Las autoridades espirituales y solo en algunos creyentes

10. Lee 1ª Corintios 12:4-6 para responder, ¿quién hace todas las cosas y en quiénes las hace?

a. Por experiencia

b. Porque se les da

11. Según 1ª Corintios 12:7 los creyentes son instrumentos de Dios para una manifestación del Espíritu, ¿cómo la obtienen?

a. Que a cada creyente se le reparte según su gusto

b. Que el Espíritu reparte según Él lo determina

12. ¿Qué principio espiritual se establece en 1ª Corintios 12:11?

Si se hiciera un resumen de tus respuestas, se expresaría de esta manera: *Dios hace todas las cosas en los creyentes; únicamente el Espíritu les da las manifestaciones, y lo hace según Él mismo lo determina*. Sin embargo, algunos creyentes intentarían interpretar esta enseñanza a su conveniencia, de la siguiente forma: "Cuando el Espíritu me da alguna de sus manifestaciones, no solo me consiente porque satisface lo que deseo, sino que a partir de ese momento esa manifestación me pertenece".

Definitivamente es un error que un cristiano piense que puede tener el patrimonio de alguna manifestación del Espíritu. En primer lugar, porque el Espíritu es el *dueño* de todas las manifestaciones. En segundo lugar, porque los creyentes son *administradores* de lo que Él da. En tercer lugar, el hecho de que el Espíritu reparta sus manifestaciones no significa que Él se despoja de ellas como si ya no le pertenecieran. Por ejemplo, si el Espíritu reparte una palabra de sabiduría a cierto creyente, no está obligado a utilizar siempre al mismo creyente y puede hacerlo a través de otro. Cuando la Palabra dice: *"... quien reparte a cada uno según él lo determina..."*, indica que el Espíritu lo hace con quien quiere, cuando quiere y como quiere.

Llegado a este punto, es necesario que medites en lo siguiente. Las manifestaciones del Espíritu mencionadas en 1ª Corintios 12:9-11 se caracterizan por la inspiración del Espíritu Santo en un momento determinado. En cambio, los dones que se registran en Romanos 12:6-8, con excepción de la profecía, se muestran como capacidades de carácter permanente otorgadas a algunos creyentes para servir a la Iglesia. Entre ellos se mencionan algunos relacionados con funciones ministeriales como ser el del maestro (el de enseñar) y el de obispo (el de dirigir). Por otra parte, también se mencionan algunos dones relacionados con distintas maneras de servir como ser el de diácono (el que presta un servicio), el animar a otros, socorrer a los necesitados y mostrar compasión.

Las manifestaciones del Espíritu, sin importar su naturaleza espontánea o permanente, deben ser ejercidas por los creyentes en completa y total dependencia del Espíritu Santo. De no hacerlo, el creyente corre el riesgo de suponer que tiene el derecho de usar las manifestaciones del Espíritu a su voluntad o bajo sus propios criterios, porque el Señor lo capacitó. De hecho, es habitual observar dos realidades en la Iglesia. Por un lado, creyentes que enseñan o dirigen, haciendo uso de la gracia que recibieron del Señor para lucimiento personal, realización y beneficio propio. Por otro lado, creyentes que hacen uso de una gracia o carisma natural que no proviene del Espíritu. Hay personas que, embelesadas por este tipo de ministros, expresan: "¡Qué gran carisma tiene!". Pero ese carisma, sea el humano o el divino, termina siendo usado para atraer la atención hacia la persona que está enseñando o dirigiendo y no hacia Cristo. Así que, la única manera de no pervertir el propósito de una manifestación del Espíritu es que cada creyente, al ejercerla, honre al Espíritu Santo dependiendo consciente y humildemente de Él.

Todas las manifestaciones del Espíritu son inmerecidas, y no pueden ser el resultado del esfuerzo propio, la santidad, la madurez o las cualidades humanas. Aunque no se pueden conseguir por esfuerzos, el apóstol reafirmó que sí se deben *ambicionar* (ver 1ª Corintios 14:1).

Si bien es cierto el Espíritu es soberano para repartir sus manifestaciones como Él quiere, esto no significa una acción restrictiva, con la cual pone un límite y dice:

"Solo hasta aquí; esto es todo lo que podrás recibir de mi". Así como Él reparte, insta a ambicionar las manifestaciones del Espíritu. Esto significa que el Espíritu es amplio y generoso, haciendo notar que su deseo es derramar mucho más de lo que repartió inicialmente. Un cristiano pudiera conformarse con lo que recibió, pero no debe, pues la exhortación es de ambicionar con un deseo intenso y ardiente todo lo que Dios ha dispuesto para su vida.

Es de tremenda importancia reconocer que el propósito de corazón que debe tener el que ambiciona manifestaciones del Espíritu, es *la edificación de la Iglesia* (ver 1ª Corintios 14:12). En ningún momento la Escritura avala que esa ambición tenga como meta cualquier otra clase de objetivo. Las manifestaciones del Espíritu son dadas para servir y no para servirse de ellas.

Por otra parte, Dios tiene un propósito y una voluntad para cada vida. Querer recibir manifestaciones del Espíritu para llegar a realizarse, está fuera de la voluntad de Dios, y es un camino equivocado que aborta el propósito divino.

UN CAMINO MÁS EXCELENTE

¡A trabajar!

13. Según 1ª Corintios 12:7, ¿a quién beneficia cualquier manifestación del Espíritu que el Señor le da a cada creyente?

a. Saber que es el miembro más importante

b. Saber que si no cumple su función alguien más lo hará

c. Saber que al ser parte del cuerpo de Cristo su función es vital

14.
En 1ª Corintios 12:24-25 se expresa que Dios proveyó lo necesario a fin de que no haya división en el cuerpo, sino que se produzca una actitud adecuada entre los miembros, ¿cuál es?

15.
Conforme a tus respuestas, ¿cuál debe ser la motivación que impulse a un creyente a beneficiar a la iglesia y a preocuparse por sus hermanos?

Habrás notado que Pablo nunca enseñó que las manifestaciones del Espíritu deben ser ambicionadas por los creyentes como un fin en sí mismas, sino que deben servir para el beneficio de la iglesia. En el cumplimiento de este objetivo, el creyente *sabe que forma parte del mismo cuerpo junto a sus hermanos, y que su función es vital*. Por esa razón, aprende a preocuparse por los demás.

> Toda manifestación del Espíritu a través de los creyentes es para beneficio de los demás. El preocuparse los unos por los otros es la manera diseñada por Dios para el funcionamiento del cuerpo de Cristo.

Ahora bien, los creyentes pueden comprender el propósito de las manifestaciones y experimentarlo plenamente. Pero, aun así, ¿podrían decir que es todo lo que el Señor pide de ellos? El apóstol Pablo dio respuesta a esta pregunta al mencionar *una virtud infaltable*.

¡A trabajar!

16. En 1ª Corintios 12:31 se muestra que existe algo mayor que ambicionar los dones mejores; ¿con qué frase Pablo definió aquello que es mayor?

17. De acuerdo con 1ª Corintios 13:1-3, ¿cuál es ese camino más excelente?

18. En 1ª Corintios 13:4-7 se describen las características del amor. ¿Dónde se hacen visibles estas características y qué ocurre con el creyente que no las manifiesta?

a. Se hacen visibles en la comunión privada con el Señor y quien no las manifiesta es inmaduro

b. Se hacen visibles en la interrelación y quien no las manifiesta es como nada

19. Según 1ª Corintios 13:8, ¿qué diferencia mostró Pablo entre el amor y las manifestaciones del Espíritu?

a. Que las manifestaciones, aunque son del Espíritu, son pasajeras, mientras que el amor es permanente

b. Que tener manifestaciones del Espíritu es sinónimo de tener amor

No es casual que entre los capítulos 12 y 14 de 1ª Corintios, se encuentre la enseñanza del capítulo 13. Aparentemente, esa enseñanza estaría alejada del tema central, que es el de las manifestaciones del Espíritu. Sin embargo, fue absolutamente indispensable lo que Pablo escribió por la guía del Espíritu Santo, porque es el eje de la enseñanza. ¿Y por qué debe ser considerado así? Porque Dios es amor, el cual es parte de su esencia. No se puede separar a Dios de su amor, es imposible. Por lo tanto, cuando Él actúa, responde a su esencia. Quiere decir que en todo lo que Dios hace, el amor no puede estar excluido, sino que las acciones de Dios siempre demuestran quién es Él. Gracias a esta verdad se puede comprender que Dios haya dado a su Hijo para rescatar a la humanidad, aunque sea un acto totalmente ilógico para el razonamiento. De hecho, la Palabra afirma que a través de ese acto los hijos de Dios conocen lo que es el amor (ver 1ª Juan 3:16a).

Es tan relevante que los creyentes vivan por el amor de Dios que los habita, que la misma clase de entrega que Cristo hizo por la humanidad, debe ser imitada por todo hijo de Dios en favor de sus hermanos. Así lo expresa la Palabra: *"... Jesucristo entregó su vida por nosotros. Así también nosotros debemos entregar la vida por nuestros hermanos..."*, y agrega: *"... ya que Dios nos ha amado así, también nosotros debemos amarnos los unos a los otros"* (1ª Juan 3:16; 4:11).

Pablo fue guiado por el Espíritu Santo a interrumpir el tema de las manifestaciones del Espíritu y hacer un paréntesis para hablar del amor. Su objetivo fue que los creyentes comprendan que ejercer cualquier manifestación del Espíritu debe ser un acto del amor de Dios fluyendo de sus vidas. Cuando se hace así, no hay lugar para que motivaciones impuras o egoístas impulsen a los creyentes.

Los hijos de Dios pueden expresar ampliamente todas las manifestaciones espirituales, pero sin amor. De ser así, aunque podrían engañarse pensando que son espirituales, serían considerados por Dios como metal que resuena o platillo que hace ruido, como quienes no son nada, como personas que no ganan nada, aunque hagan mucho. Todas las manifestaciones del Espíritu dejan de cumplir el objetivo del Señor si el amor está ausente. Nunca debes olvidar que el amor no es algo etéreo, sino palpable, que solo puede mostrarse en la relación de los unos con los otros. Si alguien piensa que tiene amor porque lo sabe expresar en su comunión privada con el Señor, pero no lo hace con sus hermanos y con su prójimo, está engañado.

Cuando Pablo enseñó sobre el amor en el contexto de las manifestaciones del Espíritu, lo hizo en la perspectiva adecuada. Diferenció el sentido temporal de las manifestaciones del Espíritu con la dimensión perpetua del amor. Por lo que su intención no fue hablar del amor para restarle valor a las manifestaciones del Espíritu. Por supuesto que las manifestaciones son indispensables, prácticas y muy valiosas; pero Pablo expresó que su vigencia es temporal, porque un día todas ellas cesarán. En cambio, el amor es eterno, y debe ser el motor que impulsa a los creyentes en todo lo que son y hacen. Por ende, es la base para el ejercicio de todas las manifestaciones del Espíritu. Indudablemente, por sus características, el amor es *un camino más excelente*.

IRREEMPLAZABLE

La Iglesia de Cristo es un cuerpo único y sobrenatural creado por Dios para que cumpla un propósito que solo puede realizar con un equipamiento divino. Por un lado, el Espíritu Santo produce el fruto en cada creyente como virtudes que reflejan el carácter de Cristo. Por el otro, el mismo Espíritu distribuye capacidades sobrenaturales a cada miembro del cuerpo de Cristo para edificación de la Iglesia. Así como el Señor le entregó a la Iglesia una misión sobrenatural, también la equipó sobrenaturalmente para que fuera efectiva en su labor en este mundo.

Una muestra del equipamiento

Seguidamente realizarás un trabajo a través del cual conocerás la tarea que el Señor debió realizar con Saulo, para transformarlo en el apóstol Pablo, su siervo.

TEMA 3:
EL ESPÍRITU SANTO EN LA IGLESIA

¡A trabajar!

1. En Hechos 22:3 y Filipenses 3:4-6 se describe el historial cultural y religioso de Saulo. Haz un listado de lo que allí se registra.

2. ¿Cómo consideró Pablo todo su historial, según Filipenses 3:7-8?

3. ¿Con qué propósito Pablo consideró todo como pérdida? (v. 8)

Desde la perspectiva humana, Saulo era un hombre destacado, instruido, intelectual, de un temperamento decidido. Como judío devoto, antes de entregarse a Cristo y creyendo que estaba sirviendo a Dios, persiguió a los cristianos de la Iglesia naciente. El mundo lo habría calificado como un hombre brillante y exitoso; estaba equipado para ocupar una posición religiosa relevante, triunfar en la vida y trascender en la historia. Sin embargo, desde la perspectiva divina la estirpe de Saulo y todas sus credenciales religiosas no servían de nada.

> PABLO CONSIDERÓ TODO SU HISTORIAL CULTURAL Y RELIGIOSO COMO PÉRDIDA Y ESTIÉRCOL, CON EL PROPÓSITO DE CONOCER A CRISTO EN PROFUNDIDAD.

El Espíritu Santo le mostró a Saulo que necesitaba renunciar, desechar y considerar como estiércol todo recurso proveniente de su preparación humana y natural. Saulo aprendió que la obra de Dios solo se puede realizar con el equipamiento sobrenatural que proviene del Señor.

→ Lee 1ª Corintios 2:1-13 y responde las siguientes preguntas.

¡A trabajar!

4. Escribe la frase que describe aquello que Pablo no usó para enseñarle a los creyentes de Corinto. (v. 1)

5. ¿Cómo se presentó Pablo ante los cristianos corintios? (v. 3)

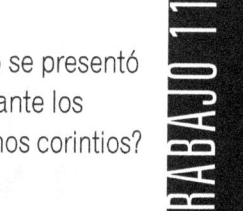

6. ¿Qué usó Pablo para enseñarle a la iglesia y con qué finalidad? (vs. 4-5)

7. ¿Es posible saber cuáles son los pensamientos de Dios, por medio de la preparación académica?

8. ¿A través de quién se pueden conocer cuáles son los pensamientos de Dios? (v. 11)

9. ¿De quién procedían las palabras con las que Pablo enseñaba? (v. 13)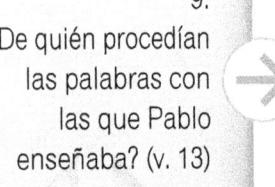

¿Qué demuestra el ejemplo de Pablo? Que el apóstol recibió un equipamiento sobrenatural por medio del Espíritu Santo para poder ministrar a la Iglesia del Señor.

> Pablo no enseñó a los creyentes en Corinto usando gran elocuencia y sabiduría humana, sino que lo hizo con tanta debilidad que temblaba de miedo. Él ministró con demostración del poder del Espíritu para que la fe de ellos no dependiera de la sabiduría humana sino del poder de Dios.

Pablo tenía una preparación humana y natural que se podría considerar envidiable, pero todo su trabajo en el Reino lo realizó con los recursos y la preparación que le proveyó el Espíritu. De hecho, cuando Pablo ministró a los creyentes de Corinto hizo a un lado toda clase de sabiduría humana adquirida. Realizó su labor entre ellos valiéndose de la sabiduría y las palabras que le dio el Espíritu.

> Los pensamientos del Señor no se pueden conocer por medio de la preparación académica sino únicamente por el Espíritu Santo; por esa razón, Pablo enseñó usando las palabras que provenían del Espíritu.

Equipamiento de calidad divina

¡A trabajar!

10. Según Hechos 1:1-2, ¿por medio de quién dio Jesús instrucciones a sus apóstoles?

Lee el siguiente versículo bíblico:

Entretanto la iglesia gozaba de paz por toda Judea, Galilea y Samaria, y era edificada; y andando en el temor del Señor y en la fortaleza del Espíritu Santo, seguía creciendo.
Hechos 9:31, NBLH

¡A trabajar!

11. Ahora responde, ¿quién fortalecía a la iglesia para que siguiera creciendo?

La Palabra relata que Jesús, antes de ascender a los cielos, dio instrucciones a sus apóstoles *"... por medio del Espíritu Santo..."*. Esta acción es comprensible porque el Señor estaba hablando a quienes habían recibido la autoridad y la responsabilidad de dirigir a la Iglesia en sus comienzos. Pero no se puede deducir que solamente fue necesario para ese momento. Hay que destacar que Jesús, aun siendo Dios, dijo e hizo todas las cosas por el Espíritu Santo. Además, la conducta de Jesús marcó la pauta de cómo se debe hacer todo en la Iglesia de Cristo. Quiere decir que el Espíritu Santo siempre debe iniciar y guiar toda obra que la Iglesia realice.

Podría haber, al menos, dos maneras de hacer las cosas. Una de ellas es elaborar planes, presentarlos ante el Señor, y pedir la ayuda del Espíritu Santo para realizarlos. Esta manera es errónea espiritualmente porque no se ajusta al diseño divino. La otra es pedirle al Señor que el Espíritu Santo revele los planes que están en la mente de Cristo, y que dirija todo el proceso para implementarlos, a fin de realizar una auténtica obra de Dios. Esta es la manera que Dios ideó para que su Iglesia trabaje y, por lo tanto, es la única válida.

¿Qué importancia tiene este principio espiritual para la Iglesia en la actualidad? Su importancia es crucial porque muestra al Espíritu Santo como el iniciador de toda obra que el Señor quiere realizar en este mundo, y no como el complemento que solamente colabora o ayuda a llevar adelante los planes que los hombres elaboran.

La Palabra muestra que la dependencia de la Iglesia al Espíritu Santo es indispensable tanto para hacer la tarea que el Señor le encomienda, como para vivir fortalecida y crecer. En conclusión, la participación del Espíritu Santo es irreemplazable para que la Iglesia produzca resultados de calidad divina.

> JESÚS DIO INSTRUCCIONES A SUS APÓSTOLES POR MEDIO DEL ESPÍRITU SANTO; DE LA MISMA MANERA, LA IGLESIA FUE FORTALECIDA POR EL ESPÍRITU PARA SEGUIR CRECIENDO.

¡A trabajar!

12. Según la lectura de Hechos 6:1-3, ¿para qué tarea la iglesia debía escoger a algunos hermanos y cuáles eran las tres características que ellos debían tener?

13. De acuerdo con Filipenses 3:3, ¿quién es el medio por el cual un creyente adora al Señor, y en qué no debe confiar?

Servir mesas no pareciera ser un ministerio tan importante como para mencionarse en la Biblia. Por otra parte, quién podría estar seguro de que en la Iglesia actual haya muchos creyentes que anhelen realizar ese servicio. Además, no se suele pensar en el estado espiritual de los hermanos a quienes se les asigna la tarea. Sin embargo, el hecho de que este suceso aparezca registrado en el texto bíblico es relevante, porque muestra que aún la tarea más común, simple y práctica en la Iglesia, debe ser realizada por creyentes llenos del Espíritu Santo.

Cualquiera puede servir mesas en un restaurante, pero no cualquiera puede servir mesas en la Iglesia del Señor. Cualquiera puede aprender a realizar tareas, pero no cualquiera puede brindar un servicio espiritual que manifieste el carácter de Cristo, sino solo aquel que esté lleno del Espíritu. La enseñanza fundamental es que toda tarea en la Iglesia, incluso la que se considere más pequeña, debe ser realizada por creyentes llenos del Espíritu Santo. *Esa llenura es vital para que los hijos de Dios tengan buena reputación y crezcan en sabiduría divina.*

Relacionado con esta verdad, en Filipenses 3:3 se afirma que los creyentes adoran al Señor *"... por medio del Espíritu de Dios"*. En el original griego, la palabra que se refiere a la acción de adorar sugiere la idea de *ministrar, dar culto, servir*. Cuando los creyentes comprenden que todo lo que le ofrecen al Señor debe ser por medio del Espíritu Santo, son librados de poner su confianza en cualquier clase de esfuerzo humano, aunque parezca sublime. Por lo visto hasta aquí has comprobado nuevamente que el Espíritu Santo es irreemplazable.

> LA LLENURA DEL ESPÍRITU SANTO EN LOS CREYENTES ES FUNDAMENTAL PARA TODA TAREA DE SERVICIO. ES POR MEDIO DEL ESPÍRITU QUE LOS HIJOS DE DIOS ADORAN AL SEÑOR Y NO PONEN SU CONFIANZA EN NINGÚN ESFUERZO HUMANO.

¡A trabajar!

14. Según Romanos 8:26-27, ¿quién intercede por los creyentes y conforme a qué?

Los versículos 26 y 27 de Romanos 8 deben entenderse a la luz del contexto. Pablo mencionó que los creyentes experimentan sufrimientos en el mundo, pero que esos sufrimientos no se comparan con la gloria que se revelará en ellos (v. 18). Al mismo tiempo, todo hijo del Señor tiene el Espíritu como primicia o garantía de esa gloria que le espera cuando Cristo regrese por su Iglesia. De manera que estando en el mundo, el creyente gime interiormente mientras espera ser libre de su cuerpo terrenal (v. 23). Al describir estas situaciones, Pablo expresó que los creyentes sufren debilidad y, por lo tanto, no saben qué pedir al Señor para expresar la carga de sus corazones. Ahí es cuando el Espíritu intercede al Padre a favor de ellos, de tal manera que utiliza gemidos que no se pueden expresar con palabras. Hay algo seguro en la intercesión del Espíritu por los creyentes: pide por ellos conforme a la voluntad de Dios. Esta es otra muestra de que el Espíritu Santo es irreemplazable en la vida del cuerpo de Cristo.

> EL ESPÍRITU SANTO INTERCEDE POR LOS CREYENTES CONFORME A LA VOLUNTAD DE DIOS.

¡A trabajar!

15. Según lo expresado en 2ª Corintios 3:17, ¿quién es el Señor y qué ocurre donde Él está?

Hablar del Espíritu Santo es hablar de Cristo y viceversa. Así que la frase *"… el Señor es el Espíritu…"*, expresa varias realidades. Reconocer a Cristo como Señor implica que también se reconozca al Espíritu como Señor (ver Romanos 8:9, 1ª Pedro 1:10-11). No se debe rebajar al Espíritu de su calidad y función de Señor, porque si el Espíritu no fuera Señor, entonces no sería nada. Y la declaración bíblica solo sería una preciosa frase, pero desprovista del poder de su esencia. Todo creyente que declara con su boca que Cristo es su Señor, entonces lo manifestará viviendo sujeto al gobierno del Espíritu Santo.

Que el Espíritu es el Señor es una afirmación irrefutable, categórica y concluyente. Sin embargo, que el señorío del Espíritu sea real en todos los ámbitos es una vivencia particular que cada hijo de Dios y el cuerpo de Cristo en general deben experimentar. Es innegable que el Espíritu Santo es Dios y está en todo lugar, pero que se lo experimente como el Señor de la vida es algo diferente. Para ello, cada creyente y la Iglesia deben reconocer que todos los derechos le pertenecen al Espíritu, y es bajo su señorío que ellos deben vivir. En conclusión, *donde el Espíritu es el Señor, allí hay libertad.*

> EL SEÑOR ES EL ESPÍRITU Y DONDE ÉL ESTÁ HAY LIBERTAD.

El panorama que observaste a través de todo este trabajo es muy útil para llegar a una realidad concluyente: *lo iniciado y elaborado por el hombre es incapaz de transformarse en obra de Dios*. La Iglesia puede disponer de los mejores recursos, las mejores herramientas y las más excelentes estrategias. Incluso puede proyectar la idea de que basarse en esos medios le asegura obtener un gran éxito espiritual y llegar a mucha gente. Sin embargo, todo ese éxito será aparente, como la cáscara sin su fruto. Los recursos, por más excelentes que sean, no pueden impartir la vida de Dios. Esa vida sobrenatural y extraordinaria solo la imparte el Espíritu Santo.

Al llegar al final de este trabajo, y de todo este nivel de Equipamiento para todos, habrás comprobado la trascendencia del Espíritu Santo en la vida del creyente y de todo el cuerpo de Cristo. Sin duda, Él es irreemplazable; pero, además, requiere que en todo y para todo exista una dependencia absoluta a su voz, guía y dirección. Este es el único camino para experimentar la plenitud de Cristo diariamente y comprobar el cumplimiento de sus planes en el mundo.

La oración del apóstol Pablo, descrita en Efesios 3, debe ser la misma que cada creyente haga a favor de sus hermanos en Cristo: *"Por esta razón me arrodillo delante del Padre, [...] Le pido que, por medio del Espíritu y con el poder que procede de sus gloriosas riquezas, los **fortalezca** a ustedes en lo íntimo de su ser, para que por fe Cristo habite en sus corazones"* (vs. 14 al 17a, énfasis añadido). Recuerda que tu fortaleza y la de cada uno de tus hermanos depende completamente del Espíritu Santo. Por lo que vivir llenos del Espíritu no es opcional, sino el diseño de Dios para que seas un testigo que en todo lugar manifiesta el carácter y el poder de Jesucristo.

> *... Éste es el mensaje del Señor [...]:*
> *"No depende del ejército,*
> *ni de la fuerza,*
> *sino de mi Espíritu,*
> *dice el Señor todopoderoso...*
> Zacarías 4:6, DHH

FIN DEL NIVEL 3 DE LOS 7 NIVELES

(SUGERIMOS CONTINUAR CON EL SIGUIENTE LIBRO DE LA SERIE: NIVEL 4, ARMONÍA)

Bibliografía

Barclay, William, *Palabras Griegas del Nuevo Testamento*, Casa Bautista de Publicaciones, El Paso, TX, EE. UU., 2007.

Biblia Plenitud, Editorial Caribe, Nashville, TN, EE. UU., 1994.

Ervin, Howard M., *El Bautismo en el Espíritu Santo*, Editorial Vida, Deerfield, FL, EE. UU., 1992.

Hendriksen, William, *Comentario al Nuevo Testamento: El Evangelio según San Juan*, Libros Desafío, Grand Rapids, MI, EE. UU., 1981.

Lacueva, Francisco, *Nuevo Testamento Interlineal Griego-Español*, Editorial CLIE, Barcelona, España, 1984.

Santa Biblia Versión Recobro, Living Stream Ministry, Anaheim, CA, EE. UU., 2012.

Strong, James, *Nueva Concordancia Strong Exhaustiva*, Editorial Caribe, Nashville, TN, Miami, Florida, EE. UU., 2002.

Vine, W. E., *Diccionario Expositivo de Palabras del Antiguo y Nuevo Testamento Exhaustivo de Vine*, Grupo Nelson, Nashville, TN, EE. UU., 2007.

www.rae.es, Diccionario de la Lengua Española, Vigesimotercera edición.

Referencias Bibliográficas

TRABAJO 6
[1] Henry, Matthew, *Comentario Bíblico de Matthew Henry, obra completa sin abreviar*, Editorial CLIE, Barcelona, España, 1999, pág. 1667.

TRABAJO 8
[1] Lacueva, Francisco, *Nuevo Testamento Interlineal Griego-Español*, Editorial CLIE, Barcelona, España, 1984, pág. 689.

ACERCA DE LOS AUTORES

Daniel Dardano, Daniel Cipolla y Hernán Cipolla integran, junto con sus esposas, el Ministerio Generación en Conquista desde el año 1997. Sirven a la Iglesia de Jesucristo en varios países, brindando atención a los pastores y sus familias, y enseñando a los creyentes a vivir en plenitud la verdad de la Palabra de Dios. Los autores tienen la convicción de que la Iglesia es la única que representa a Cristo en el mundo y muestra en la práctica la realidad del Reino, por lo que su mayor deseo es que Cristo sea formado en los creyentes. Por esta razón, a través de su trabajo escrito quieren aportar herramientas que sean usadas por el Espíritu Santo para que se cumpla ese objetivo.

Si quieres saber más acerca de los autores o del ministerio que realizan, visita:

www.generacionenconquista.org

Notas

Notas

Notas

Notas

Notas

Notas

Notas

Notas

Notas

Notas

Ideas que transforman gente
es nuestro lema y estamos trabajando
para cumplir ese objetivo eficazmente.

Nos agradaría mucho recibir
tus preguntas y comentarios.

Escríbenos a: **contacto@nikhosideas.org**

También puedes visitar: **www.nikhosideas.org**

www.ingramcontent.com/pod-product-compliance
Lightning Source LLC
Chambersburg PA
CBHW081253040426
42453CB00014B/2392